Rachel's Crochet

Rachel's Crochet

따뜻한 일상,
레이첼의 손뜨개 수업

양선영 지음

팜파스

담벼락 아래 좁은 흙바닥 위, 작은 정원을 가꾸었던 적이 있습니다.
종일 그늘졌던 그 정원에도
오후 4시가 되면 깊고 아늑한 오후의 햇살이 가득했습니다.

누군가를 생각하며 뜨개질을 하고 있으면
그때 그 정원에 머물던 따뜻한 햇살이 제 마음 가득 차오르는 것 같습니다.
아들을 위한 모자, 딸을 위한 베이비드레스,
친구 Joy를 위한 블랭킷, 친구 Ruth를 위한 쿠션처럼
나의 크로쉐는 모두 사랑하고 아끼는 이들을 위해 시작한 작업이었습니다.
지금 이 글을 읽고 계신 여러분도 그런 마음으로 처음 바늘과 실을 잡으셨을 것입니다.
우리의 따뜻한 일상이 사랑하는 모든 사람에게 소박한 행복으로 전해지길 기도합니다.
또한 이 책이 20년 전의 저와 같은 손뜨개 독학생들에게
친절하고 따뜻한 선생님이 되기를 바랍니다.

Thank you for

책이 완성되기까지 오래 기다려주시고 애써주신 이진아 실장님과 팜파스 여러분,
집필기간 동안 아낌없는 조언과 달달한 간식으로 응원해주신 '레이첼의 크로쉐 클래스' 멤버들,
또 늘 든든히 기도로 응원해주시는 BCC 식구들과 나의 친구들께 감사드립니다.
특히 며느리를 막내딸처럼 사랑해주시는 아버님, 어머님, 두 형님들,
큰딸에게 재능과 믿음을 물려주신 아빠와 엄마 그리고 사랑하는 동생들에게 사랑과 감사를 전합니다.
마지막으로 나의 자랑과 기쁨인 아들 가현과 딸 소은,
늘 안전한 친구가 되어준 남편 쉠에게 뜨거운 사랑을 전하며

나를 빛의 정원으로 이끌어주신 '그분'께 감사드립니다.

빛의 정원에서, 레이첼 양선영

CONTENTS

BASIC

Rachel's Crochet

Basic

기본 도구

❶ 모사용 코바늘	❹ 돗바늘	❼ 단수링(코바늘 마커)
❷ 레이스용 코바늘	❺ 가위	❽ 실
❸ 나무바늘	❻ 줄자	❾ 필기도구

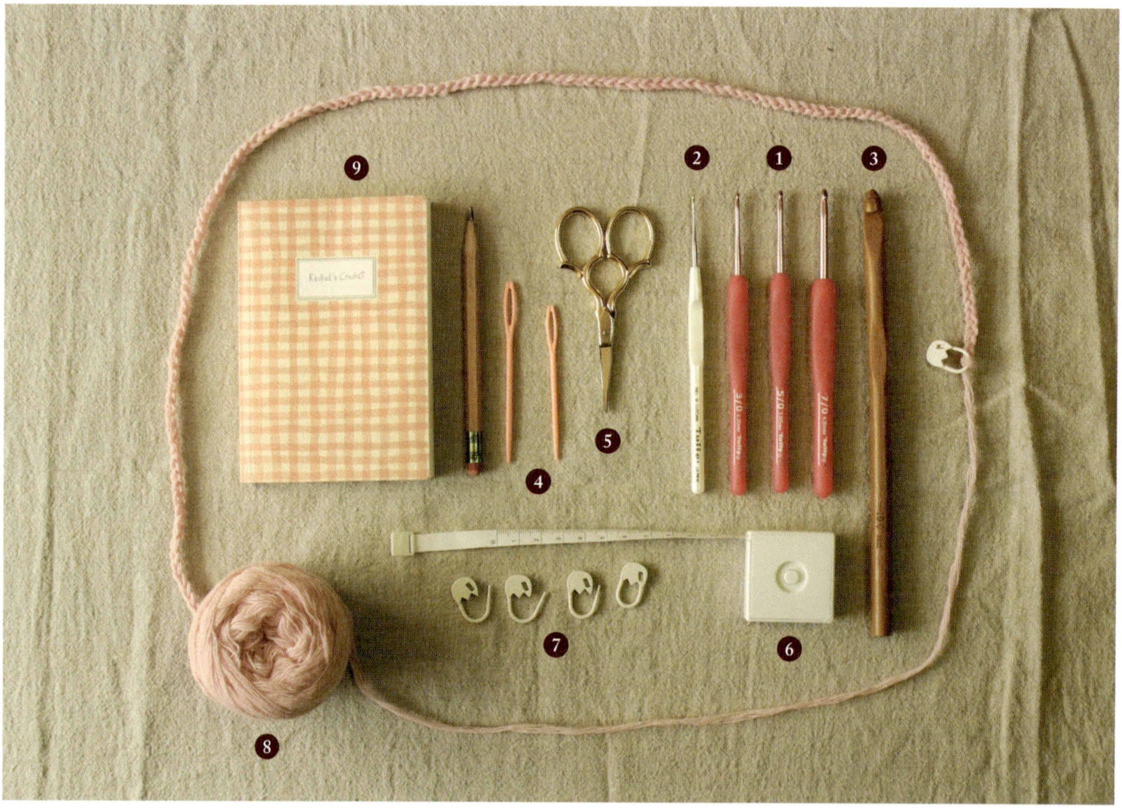

기초 뜨개 기법

---- 실잡기와 바늘잡기 ----

§ 실잡기

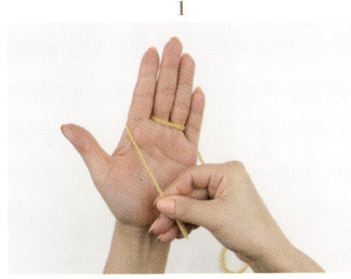

1 오른손으로 실 끝을 잡고 왼손 새끼손가락과 넷째손가락 사이에 걸고 둘째손가락과 셋째손가락 사이를 지나 둘째손가락과 엄지손가락 사이를 돌아서 왼손 손바닥 앞에서 멈춥니다.

2 엄지손가락과 셋째손가락으로 실을 잡고 둘째손가락을 곧게 펴서 실이 팽팽하게 유지되도록 합니다. 이때 실 끝은 오른손으로 잡을 수 있을 만큼 남겨둡니다(8~9cm).

§ 바늘잡기

코바늘의 코가 보이도록 연필 잡듯이 자연스럽게 잡습니다.

§ 시작 코 20코로 첫째 단을 한길긴뜨기로 뜨는 도안 §

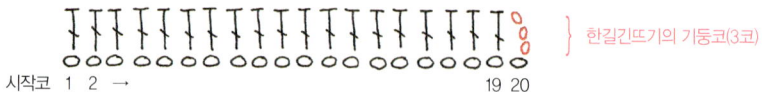

} 한길긴뜨기의 기둥코(3코)

시작코 1 2 →   19 20

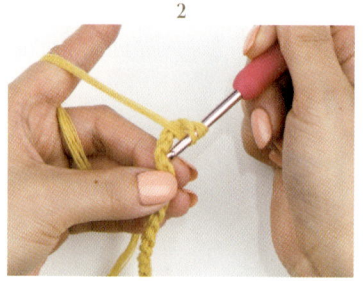
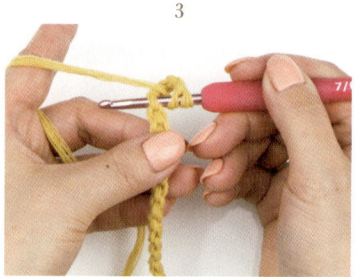

1   시작콧수만큼 사슬을 뜬 다음 한길긴뜨기의 기둥코에 해당하는 사슬코 3개를 더 뜨고
    뒷부분의 뒷산이 보이도록 뒤집어줍니다(시작코 20개+기둥코 3개=총 23개).
2   바늘에 걸린 고리 아래에서 5번째 뒷산의 위치를 확인합니다(도안 참고).
3   사슬코의 앞부분의 머리코는 두 가닥이지만 뒷산은 한 가닥입니다.

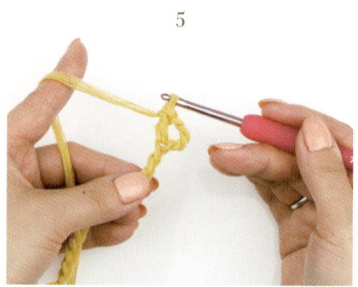

4   실을 걸어 첫 번째 한길긴뜨기를 뜹니다.
5   한길긴뜨기 1개를 완성한 모습입니다. 사슬코 3개의 기둥코를 한길긴뜨기 1개로 간주하므로
    앞으로 한길긴뜨기 18개를 더 뜨면 됩니다.

원형코로 시작하기

§ 도안 §

1   3cm 정도 간격을 두고 왼손과 오른손으로 실을 잡습니다.

2   오른손을 왼손 위로 이동하여

3   동전 크기의 고리를 만듭니다.

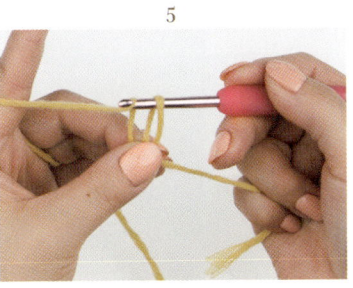

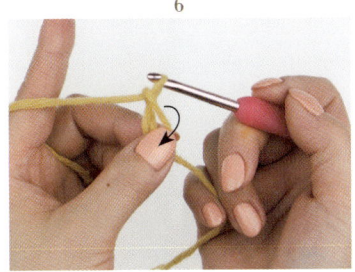

4   왼손으로 고리의 교차점을 잡고 바늘을 사진과 같이 고리 안으로 넣습니다.
      이때 실 끝을 오른손 새끼손가락으로 잡아주세요.

5   바늘에 실을 걸어 다시 고리 밖(오른쪽)으로 통과시킵니다.

6   통과 직후 원형코가 만들어진 모습입니다. 왼손 엄지손가락이 잡고 있는 부분이 원형코입니다.
      화살표 방향으로 펴주면 원형코가 완성되면서 실 끝이 원형코 아래로 떨어져 실이 꼬이지 않습니다.

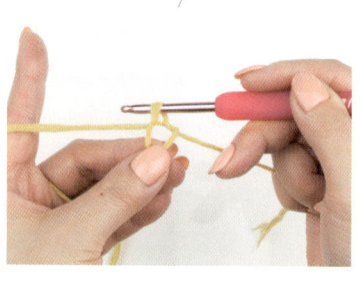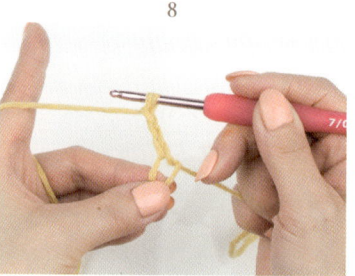

7   원형코가 완성된 모습입니다. 바늘에는 준비코가 걸려 있지요. 준비코는 1코로 세지 않습니다.

8   원형코에 사슬코 3개를 뜬 모습입니다.

원통으로 시작하기

§ 도안 §

○ ○ ○ ○ ○ ○ ○ ○ ●○ ○ ○ ○ ○ ○ ○
8 7 6 5 4 3 2 1 16 15 14 13 12 11 10 9

시작코

1   필요한 개수의 사슬코를 만들고, 첫 번째 사슬코의 머리코 2가닥 가운데로 코바늘을 넣습니다.

2   바늘에 실을 걸어 빼뜨기합니다.

3   사슬코의 처음 코과 마지막 코가 연결된 모습입니다. 첫 번째 단은 사슬코 뒷산에 떠넣으며,
     매단마다 처음 코에 빼뜨기를 하여 다음 단으로 진행하므로 원통 모양이 만들어집니다.
     핸드워머나 장갑 등을 뜰 때 사용되는 방법입니다.

레이첼의 팁

───── 그라니 스퀘어 모티브 연결하기 ─────

§ 도안 §

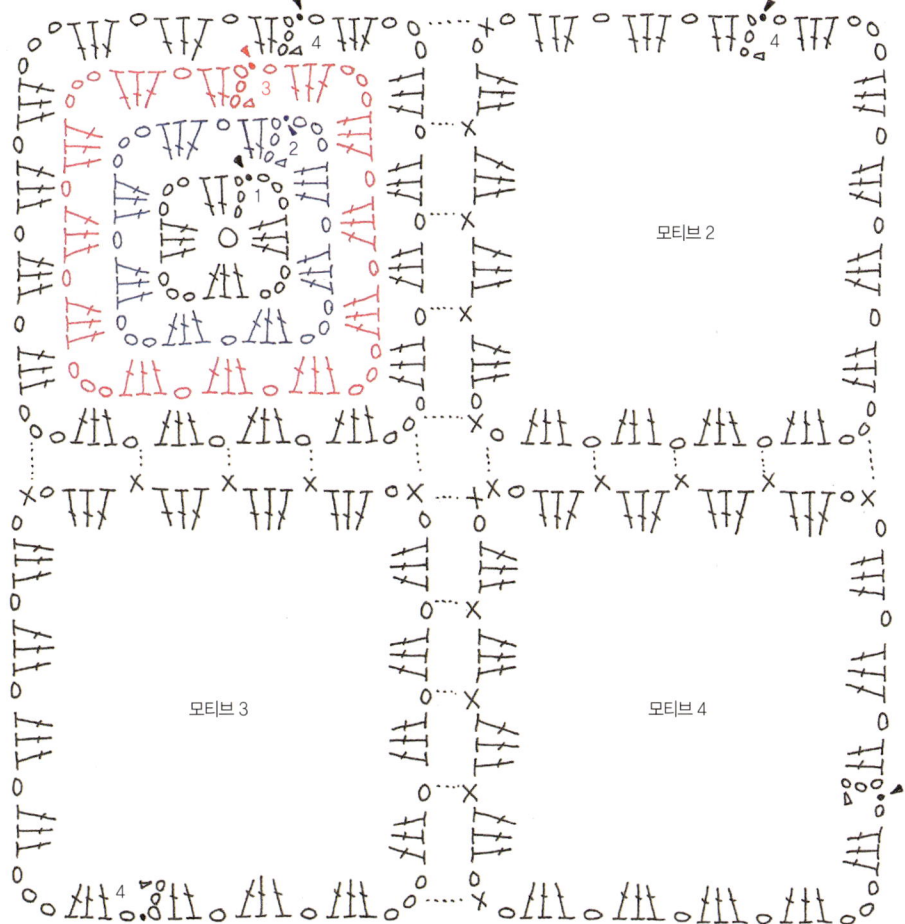

※3단까지 완성한 모티브 4장을 4단을 뜨면서 연결하는 과정입니다.

모티브 1개 완성하기

§배색실 달기

1

2

3

실 달기 기호가 있는 코의 뒤쪽에 실을 놓고 같은 위치에 바늘을 넣습니다.

바늘에 실을 걸어 앞으로 끌어당깁니다. 바늘에 걸려 있는 고리는 한 코로 세지 않습니다.

사슬뜨기 3코를 뜬 모습입니다.

§기본 무늬

1

2

3

사슬 3코로 기둥코를 만든 후 한길긴뜨기 2코를 더 뜹니다.

사슬 1코를 뜨고 다시 한길긴뜨기 3코→사슬 1코를 반복해서 뜹니다.

한길긴뜨기 3코와 사슬 1코가 그라니 스퀘어 모티브의 기본 무늬라고 할 수 있습니다.

4

그라니 스퀘어 모티브의 모서리에는 항상 한길긴뜨기 3코→사슬 3코→한길긴뜨기 3코를 뜨며 이때 사슬코의 머리코에 바늘을 넣지 않고 사슬 3코로 만들어진 공간에 바늘을 넣어 뜹니다.

§ 머리코에 빼뜨기

1

4단을 모두 떴으면 처음 만들었던 사슬 3코 기둥코의 머리코를 찾습니다.

2

기둥코의 3번째 사슬코가 한길긴뜨기의 머리코에 해당하므로 사슬코 머리코에 바늘을 넣어 빼뜨기를 합니다.

3

빼뜨기를 하여 그라니 스퀘어 모티브가 완성된 모습입니다.

§ 실 끊고 정리하기

1

실은 8cm 정도 남기고 끊습니다.

2

빼뜨기한 코의 다음 머리코 가운데에 가는 코바늘을 끼우고

3

모티브를 뒤집으세요.

4

실 끊고 남은 실을 코바늘에 걸어 빼줍니다.

5

아랫쪽에 처음 실을 달고 남은 실이 보이시죠?

6

코바늘을 한길긴뜨기 뒷부분에 살짝 끼워넣고

7

실 달고 남은 실을 걸어 뺍니다.

8

가닥의 남은 실을 나란히 놓고

9

느슨하게 한 번 묶은 다음

10

당겨지지 않게 주의하면서 한 번 더 묶어줍니다.

11

남은 실은 코바늘로 적당한 위치에 정리를 합니다.

12

매듭에서 1cm 이상 실이 남도록 정리한 후

13

남은 실은 자릅니다.

모티브 1대1 연결하기 (1번과 2번 / 1번과 3번)

1

2번 모티브에 실을 달고 모서리까지 뜬 다음 완성된 1번 모티브와 안쪽이 마주보도록 포갭니다.

2

1번 모티브의 모서리에 바늘을 넣고 실을 건 다음

3

짧은뜨기를 합니다.

4

1번 모티브와 2번 모티브가 짧은뜨기 1코로 연결된 모습니다.

5

사슬 1코를 뜨고 2번 모티브의 모서리에 한길 긴뜨기 3코를 뜹니다.

6

1번 모티브의 다음 사슬코에 다시 바늘을 넣고

7

짧은뜨기 1코를 떠서 다시 연결합니다.

8

1번과 2번의 1면이 모두 연결된 모습입니다.

9

1번과 3번도 같은 방법으로 연결합니다.

10

1번과 2번, 1번과 3번이 각각 1면씩 연결된 모습입니다.

모티브 3대1 연결하기 (1번-2번-3번과 4번)

※연결된 3장의 모티브와 1장의 모티브를 연결하는 방법입니다.

1

4번 모티브에 실을 달고 모서리까지 뜬 다음 2번 모티브의 모서리에 짧은뜨기를 하여 연결합니다.

2

2번 모티브와 1면이 완전히 연결되었습니다.

3

대각선에 위치한 1번 모티브와는 짧은뜨기로 연결하지 않습니다.

4

3번 모티브의 모서리에 한 번 더 짧은뜨기를 해서 연결하므로 모티브 4장이 모두 연결되는 부분은 짧은뜨기가 2코 들어가게 됩니다.

5

모티브 4장이 모두 연결된 모습입니다.

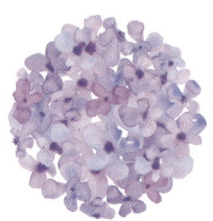

§ 도안 §

§ 1단

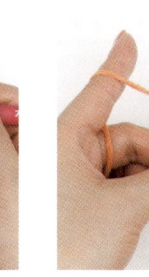

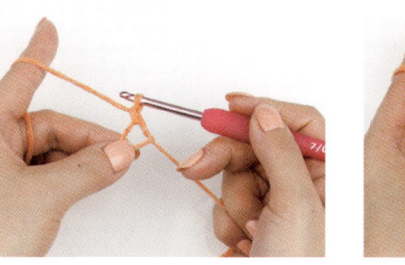

원형 시작코를 만듭니다.

짧은뜨기의 기둥코인 사슬 1코를 뜹니다.

원형코 안에 짧은뜨기 4개를 뜹니다.

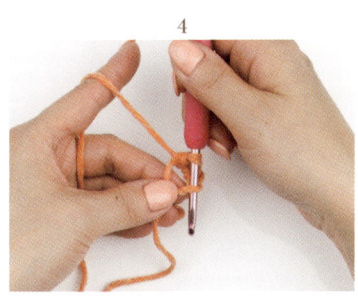

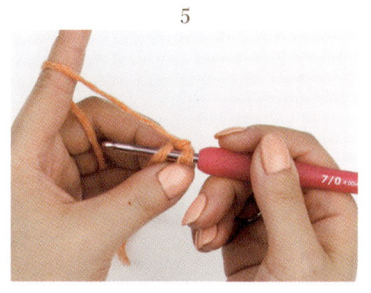

사진 2의 기둥코 사슬 1코의 머리코 두 가닥 사이로 바늘을 넣습니다.

손을 고쳐 잡은 모습입니다. 실을 걸어 빼뜨기를 합니다.

§ 2단

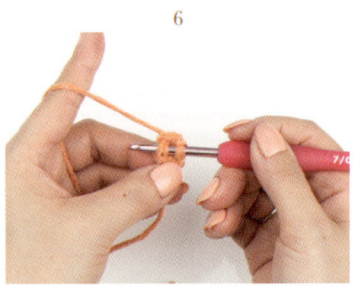

6

1단의 첫 번째 짧은뜨기의 머리코에 바늘을 넣고

7

짧은뜨기 1코→한길긴뜨기 1코→짧은뜨기 1코를 뜹니다.

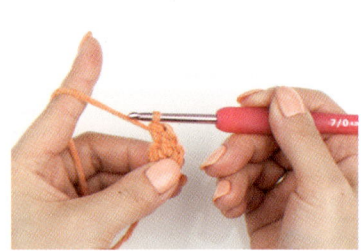

8

안쪽으로 말려들어간 형태의 작은 꽃잎이 1개 완성되었습니다.

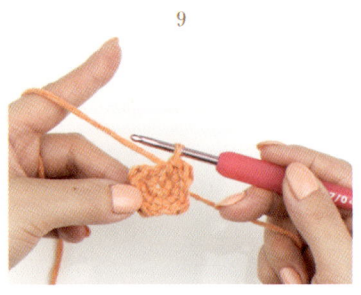

9

작은 꽃잎 4장이 모두 만들어진 모습입니다

Rachel's Memo

빼뜨기 뒤걸어뜨기 기호 설명

걸어뜨기는 코의 머리코가 아닌 기둥(혹은 다리)에 바늘을 감아 뜨는 것을 말합니다(p.32 한길긴뜨기앞걸어뜨기와 뒤걸어뜨기 참고). 따라서 빼뜨기 뒤걸어뜨기는 해당 코 기둥의 오른쪽 뒤에서 바늘을 넣어 해당 코 기둥의 왼쪽 뒤로 바늘을 뺀 후 실을 걸어 빼뜨기하는 것을 말합니다. 기존 도안에서는 거의 사용되지 않지만, '레이첼의 장미 모티브'를 뜨기 위한 필수 기호로 빼뜨기와 뒤걸어뜨기를 응용하여 만들어진 기호입니다.

§ 3단

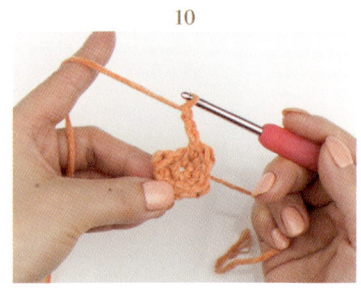

10

4단의 꽃잎을 달게 되는 부분인 사슬 3코를 뜹니다.

11

2단의 첫 번째 꽃잎의 두 번째 짧은뜨기 코를 뒤걸어 빼뜨기합니다. 사진은 모티브의 뒷면에서 바늘을 넣기 직전의 모습입니다. 코바늘 끝이 가리키고 있는 부분이 두 번째 짧은뜨기 코의 기둥 뒷모습입니다.

12

빼뜨기 뒤걸어뜨기를 하기 위해 바늘을 넣습니다(위에서 본 모습).

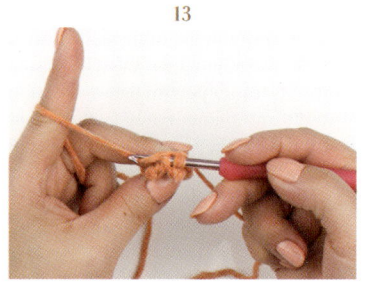

13

실을 걸어서 뺍니다.

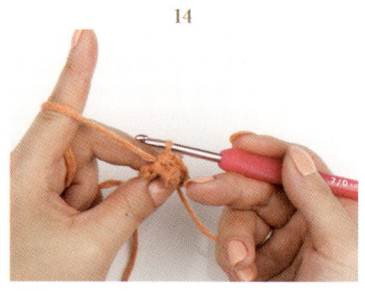

14

빼뜨기 뒤걸어뜨기를 한 모습입니다.

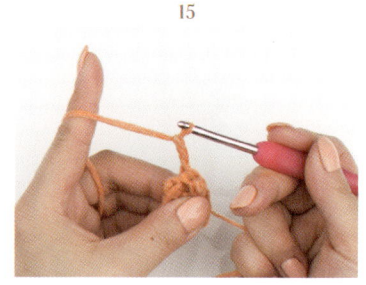

15

다시 사슬 3코를 뜨고

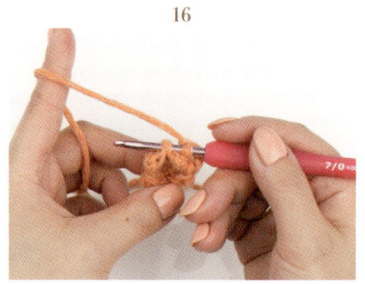

16

빼뜨기 뒤걸어뜨기를 반복합니다.

17

마지막에는 3단의 첫 번째 사슬 3코 고리 안쪽으로 바늘을 넣고 빼뜨기 뒤걸어뜨기합니다.

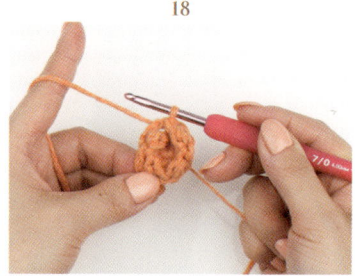

18

3단이 완성되었습니다. 2단의 꽃잎 뒤에 사슬 3코 고리가 4개 만들어졌습니다.

§4단

19

사슬 3코 고리에 한길긴뜨기 4코를 뜹니다.

20

같은 자리에 바늘을 넣고 빼뜨기를 합니다. 이때 실을 바짝 잡아당겨서 빼뜨기를 해주세요.

21

꽃잎 1개가 완성되었습니다. 사진 19와 20을 반복하여 꽃잎 4장을 만들어주세요.

§5단

22	23	24

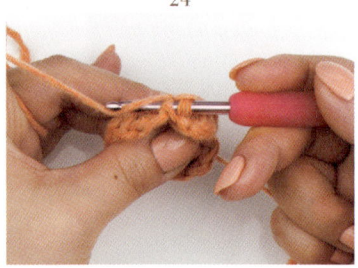

6단의 꽃잎이 달리게 될 사슬 5코를 뜹니다.

4단의 꽃잎과 꽃잎 사이에 벌어진 틈으로 바늘을 넣어 빼뜨기 뒤걸어뜨기를 합니다.

위에서 본 모습입니다

25	26	27

빼뜨기를 한 다음 실을 바짝 잡아당겨주세요.

사진 17과 마찬가지로 마지막 사슬 5코는 5단의 첫 번째 사슬 5코 고리 안쪽으로 바늘을 넣고 빼뜨기 뒤걸어뜨기를 합니다.

6단까지 완성한 모습입니다.

태슬 만들기

준비물
태슬 만들 실, 롤휴지 심지(약 11cm), 가위, 40cm 길이로 자른 실 3가닥

1

롤휴지 심지에 실을 40번 감습
니다.

2

40cm 실 한 가닥을 실과 롤휴지
심지 사이로 통과시키고 2번 묶
습니다.

3

묶은 매듭을 잡고 롤휴지 심지를
뺀 다음 태슬 아랫부분을 가위로
잘라줍니다.

1

남은 40cm 실의 중간 부분에 사
슬코 10개를 떠주고 한쪽은 쿠션
탑 모서리에 다른 한쪽은 태슬에
넣어 묶어줍니다.

2

마지막 남은 40cm 실의 중간 부
분에 사슬코 8개를 떠주고 태슬
위에서 2cm 되는 부분을 묶어서
완성합니다. 쿠션 각 모서리에 1개
씩 총 4개를 만들어 달아줍니다.

§ 술 다는 위치 도안 §

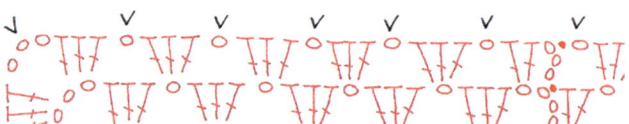

준비물
술을 달아줄 편물, 24cm 길이로 잘라놓은 실, 모사용 코바늘 10/0호

1	2	3	4

술을 달아줄 부분에 코바늘을 넣고, 24cm 길이의 실 3~4가닥을 반으로 접어 코바늘에 걸어주세요.

실이 걸린 채로 그대로 잡아당깁니다.

다시 실을 감아 사슬코를 뜨듯 걸어 뺍니다. 나머지 부분이 다 빠질 때까지 당깁니다.

매듭을 당겨 정리합니다. 10cm 길이의 술 완성

코바늘 기호와 뜨는 방법

사슬뜨기

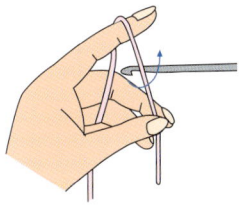
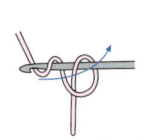
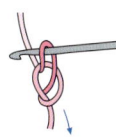
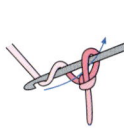

짧은뜨기

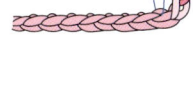
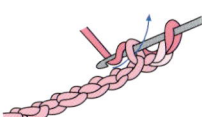

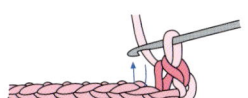

빼뜨기

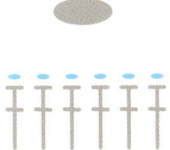
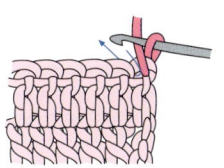
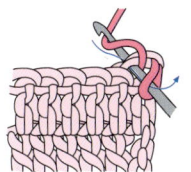
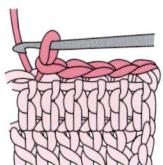

긴뜨기

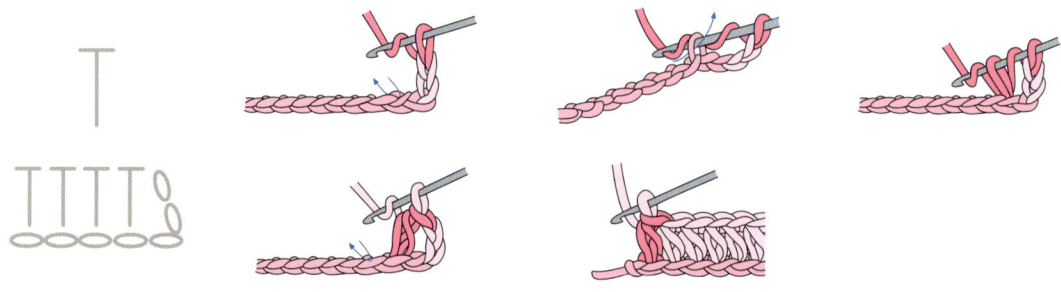

한길긴뜨기

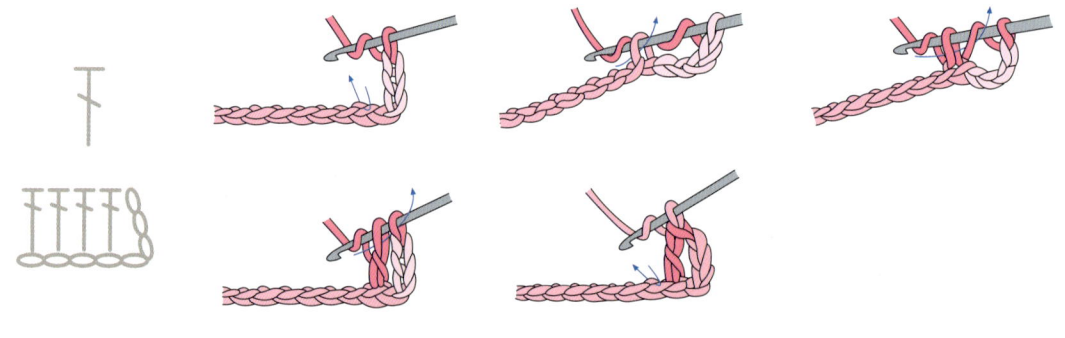

두길긴뜨기

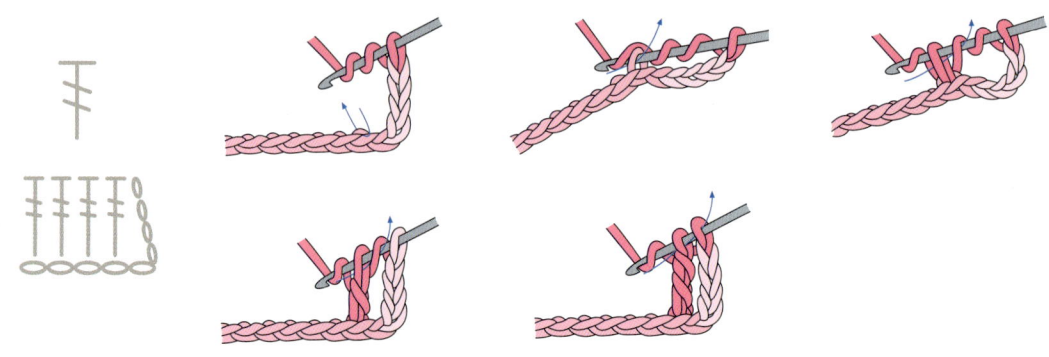

한코에 한길긴뜨기 2코 뜨기

 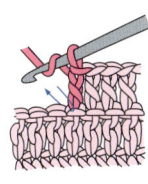 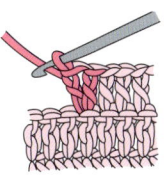

한길긴뜨기 2코 모아뜨기

 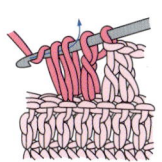 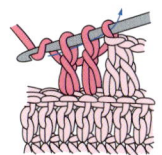

한길긴뜨기 2코 구슬뜨기

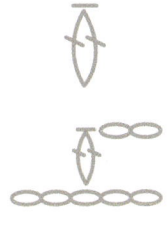 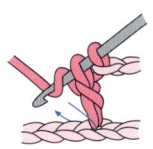 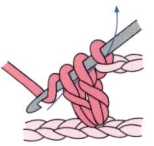 

한길긴뜨기 3코 구슬뜨기

 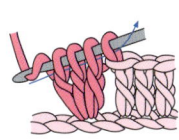 

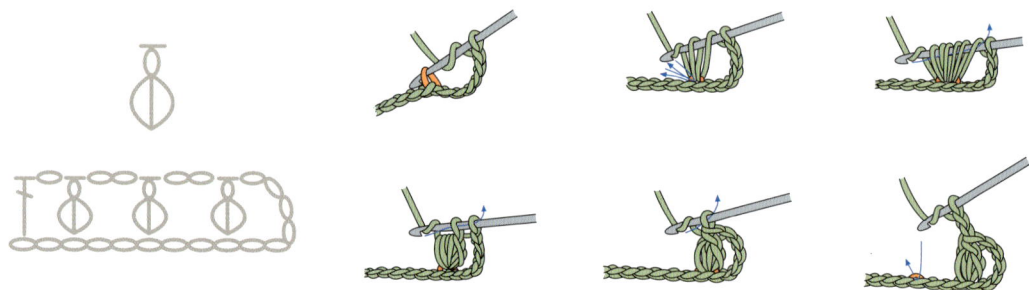

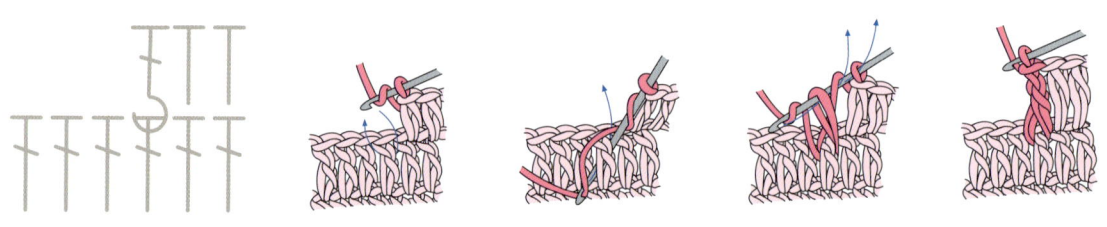

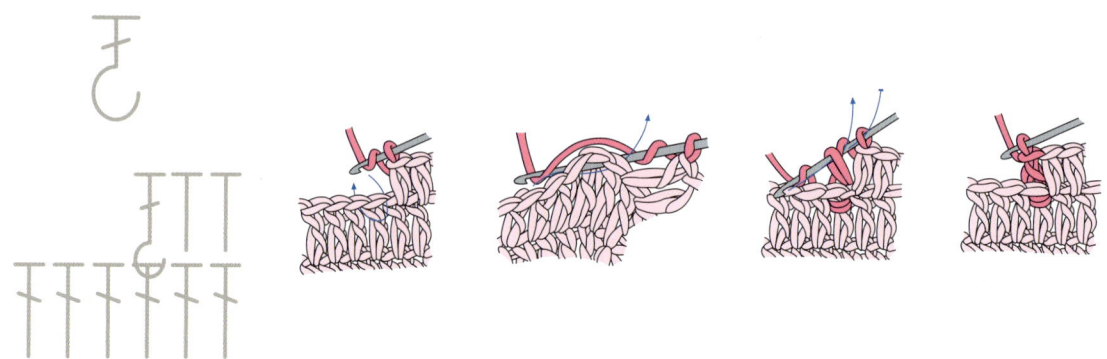

한길긴뜨기 1코 교차뜨기

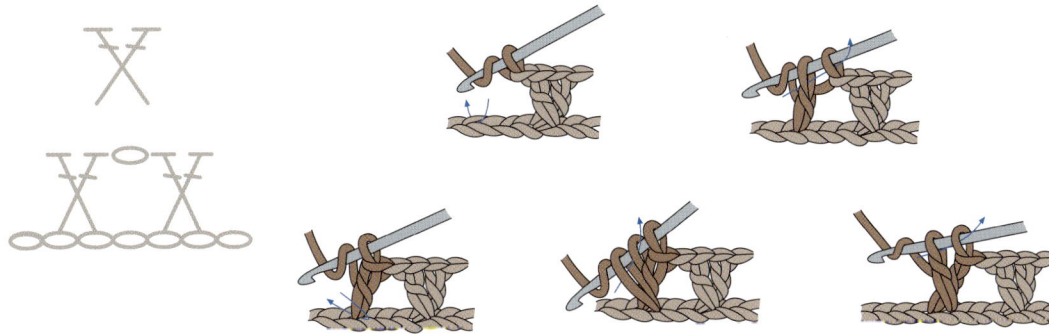

한길긴뜨기 이랑뜨기

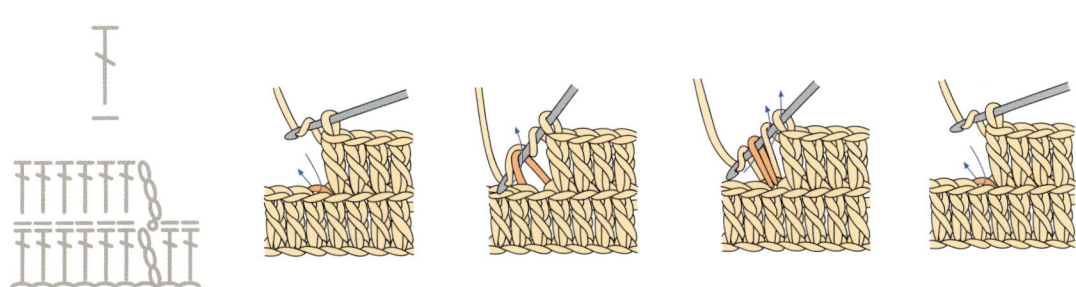

사슬 3코 피코 빼뜨기

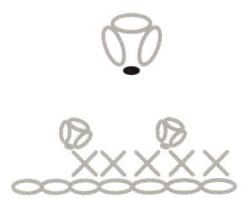 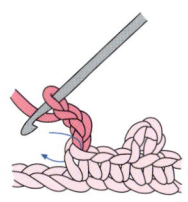 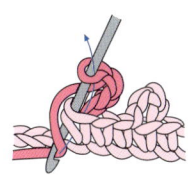 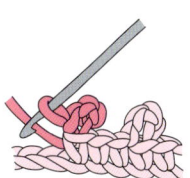

모티브 연결 방법

── 돗바늘로 한 코 감아 잇기 ──

1

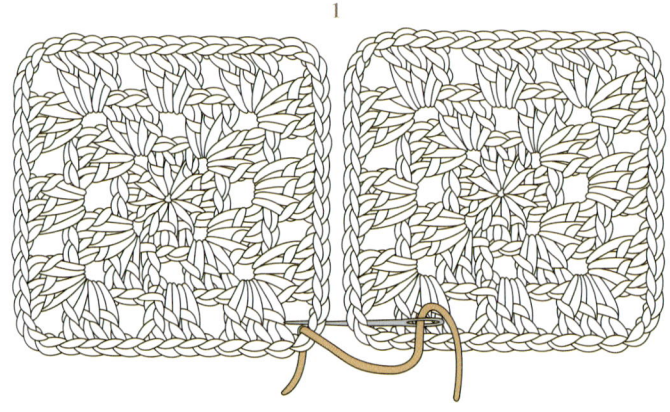

2

1　감침질하는 실 색상에 따라 이음새가 포인트가 되는 방법입니다.

2　마주보는 사슬코의 머리코를 한 코씩 감침질합니다.

돗바늘로 반 코 감아잇기

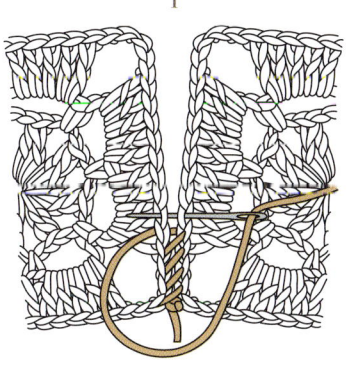
1

2

3

1 마주보는 사슬코의 머리코를 반 코씩 감침질합니다.

2 모티브의 모서리 끝까지 감침질한 후 다음 모티브로 계속 감침질을 해나갑니다.

3 반대방향도 같은 방법으로 감침질을 하면 모티브 4개의 모서리가 만나는 부분은 1코에
  두 번씩 감침질이 되면서 X자 모양이 됩니다.

🌹 수업 진도표를 참고하여 작업일정 계획을 세워보세요.

§ 수업 진도표 §

난이도	익혀야 할 기호 및 기법			기초 아이템	페이지	일정	체크 ∨	응용 및 심화 아이템	페이지	일정	체크 ∨
☆	실잡기, 바늘잡기, 사슬뜨기			사슬뜨기							
	사슬코로 시작하기 한길긴뜨기 짧은뜨기, 빼뜨기			심플 티포트 홀더	82			넥워머	48		
								레이스 케이프	52		
	원형코로 시작하기			심플 티코스터 1	86						
	실 달고 실 끊기(배색연습)			심플 티코스터 2	90			모헤어 커튼	140		
	이랑뜨기							모헤어 원형방석	144		
	그라니 모티브 만들기			그라니 모티브 쿠션탑	148			빅 그라니 숄 블랭킷	112		
☆☆	그라니 모티브 연결하기 돗바늘로 반코 감아잇기			그라니 모티브 쿠션탑	148			레인보우 블랭킷	116		
								블레싱 블랭킷	122		
	교차뜨기			패션타이	60			숄 겸용 배색 머플러	44		
	원통으로 시작하기			핸드워머 (롱)	64						
	한길긴뜨기 구슬뜨기			후드 머플러	40			핸드워머(쇼트)	68		
								옷걸이 2	76		
	긴뜨기 3코 변형 구슬뜨기 사슬 3코 피코 빼뜨기			미니 케이프 칼라	56			스위트 티포트 매트	94		
☆☆☆	장미 모티브 만들기	빼뜨기- 뒤걸어뜨기	두겹장미	스위트 티포트 홀더 2	106			옷걸이 1	72		
			세겹장미	장미 사각스툴 커버	160			장미 원형스툴 커버	160		
								장미 원형쿠션	164		
								스위트 티포트 홀더 1	102		
		태슬 만들기	네겹장미	장미 사각쿠션	156			시나몬 허니 로즈 블랭킷	132		
			삼각장미	장미 미니쿠션	152			로지 바이올렛 블랭킷	126		
								장미액자	172		
		짧은뜨기- 앞걸어뜨기		스위트 티코지	98						

Rachel's Crochet

Part 01

레이첼의 패션 소품

Rachel's Crochet

후드 머플러

난이도   ☆☆
완성 크기 머플러 길이 228cm, 머플러 너비 19cm, 후드 높이 32cm

How to Make

사용된 기호 및 기법

사슬코로 시작하기, 한길긴뜨기 3코 구슬뜨기,
돗바늘로 반 코 감아잇기

사용한 실의 성분과 중량

앙고라와 메리노합사 (하늘색 270g, 진회색 100g)

사용한 바늘 및 도구

모사용 7/0호 코바늘, 돗바늘

만드는 순서

1   하늘색 실로 사슬코 31개의 시작코를 만듭니다.

2   머플러 도안에 따라 161단까지 떠서 머플러를 완성합니다.

3   머플러의 오른쪽에서 50cm 되는 지점(43단)에 진회색 실을 달고
후드 도안대로 뜹니다.

4   80cm 정도 실을 남기고 끊은 후 실에 돗바늘을 끼우세요.

5   후드의 안과 안이 맞닿도록 반으로 접은 후 마주보는 반 코씩 감
침질합니다(p.35 돗바늘로 반 코 감아잇기 참고).

Rachel's Memo

돗바늘로 편물을 이어줄 때 시작 코와 마지막 코에
두 번씩 감침질을 해주면 이음새가 더욱 반듯해집니다.

후드 머플러

§ 도면 §

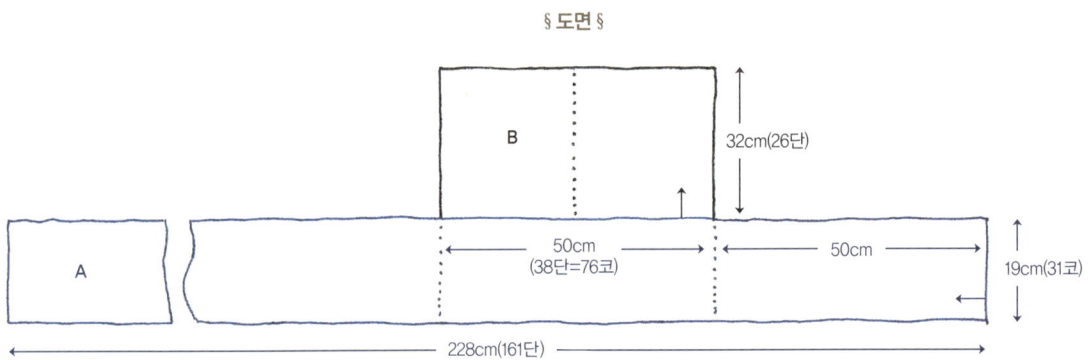

B

32cm(26단)

A

50cm
(38단=76코)

50cm

19cm(31코)

228cm(161단)

§ 후드 도안 §

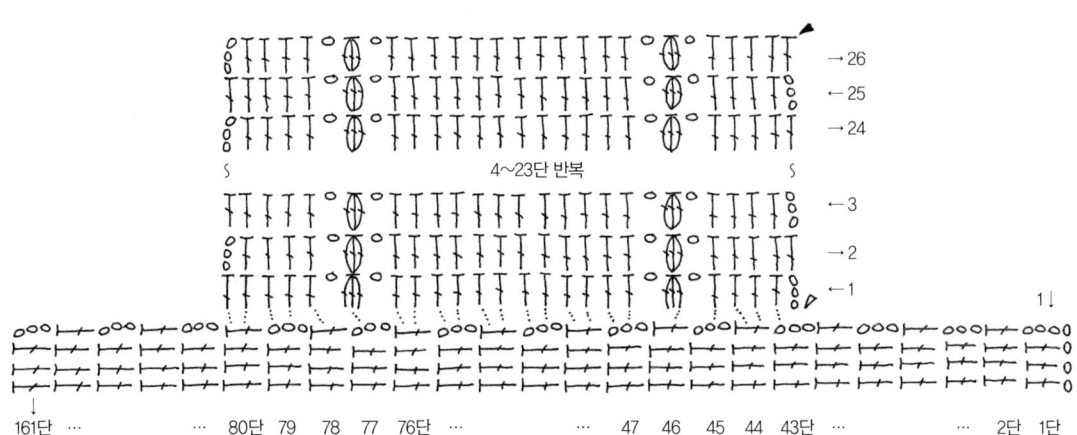

→ 26
← 25
→ 24

4~23단 반복

← 3
→ 2
← 1

1↓

↓
161단 …   … 80단 79 78 77 76단 …   … 47 46 45 44 43단 …   … 2단 1단

§ 머플러 도안 §

실 끊기

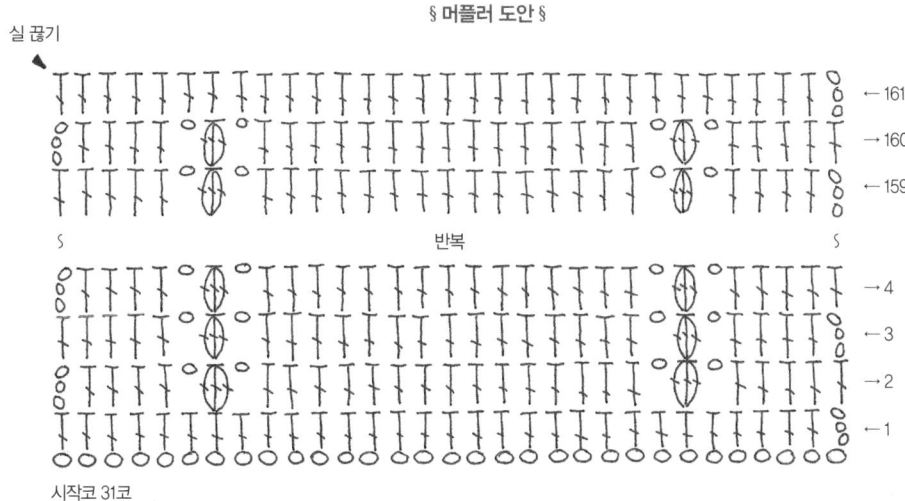

← 161
→ 160
← 159

반복

→ 4
← 3
→ 2
← 1

시작코 31코

Rachel's Crochet

숄 겸용 배색 머플러

난이도 ☆☆
완성 크기 165×40cm

사용된 기호 및 기법

사슬코로 시작하기, 짧은뜨기,
한길긴뜨기–교차뜨기

사용한 실의 성분과 중량

고급 아크릴사, 진베이지색 400g
아크릴과 울혼합사, 혼합색상 40g

사용한 바늘 및 도구

모사용 6/0호 코바늘

만드는 순서

1 먼저 진베이지색 실로 사슬코 272개의 시작코를 만듭니다.

2 노면을 참고하여 A1→A2→A3→A4 순서대로 실을 끊지 않고 A
   파트를 완성합니다(29단).

3 혼합색 실을 달고 도안대로 6단을 떠서 B파트를 완성합니다.

Rachel's Memo

한길긴뜨기의 응용 기법인 교차뜨기를 연습할 수 있는 아이템입니다.
한길긴뜨기가 충분히 연습되어 고르게 뜰 자신이 생기면
도전해보세요.

숄 겸용 배색 머플러

§ 도면 §

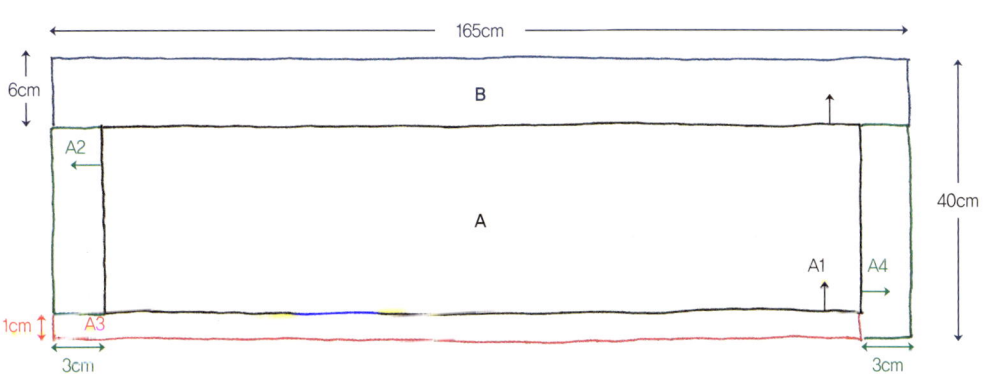

§ 도안 §

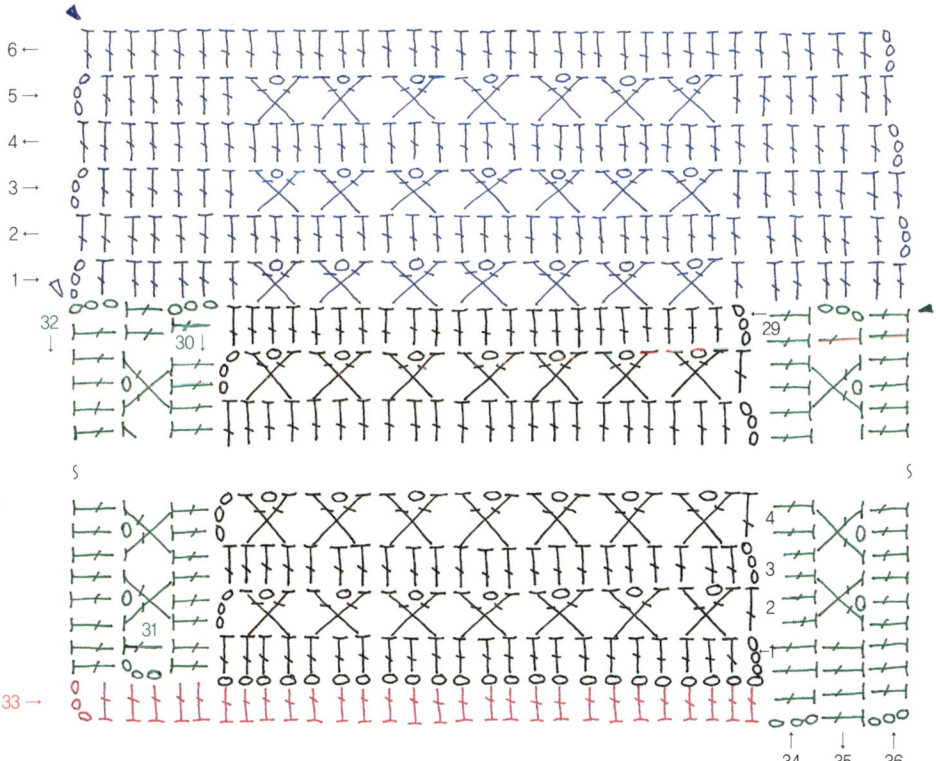

넥워머

난이도   ☆
완성 크기   38×120cm

How To Make

사용된 기호 및 기법

사슬코로 시작하기, 짧은뜨기, 한길긴뜨기

사용한 실의 성분과 중량

고급 아크릴사 벽돌색 210g, 차콜색 20g

사용한 바늘 및 도구

모사용 6/0호 코바늘, 돗바늘

만드는 순서

1   벽돌색 실로 사슬코 81개의 시작코를 만듭니다(4의 배수+1코).

2   1~92단까지 도안대로 떠서 A파트를 완성합니다.

3   차콜색 실을 달고 93~102단까지 뜹니다(B파트).

4   마지막 103단은 처음 시작 부분인 1단(A파트)에 짧은뜨기로 연결하면서 완성합니다.

Rachel's Memo

한길긴뜨기 연습용으로 도전하기 좋은 아이템입니다.

기법은 쉽고 단순하지만 완성된 무늬가 고급스러워

남성용 넥워머로도 적당합니다.

넥워머

§ 도면 §

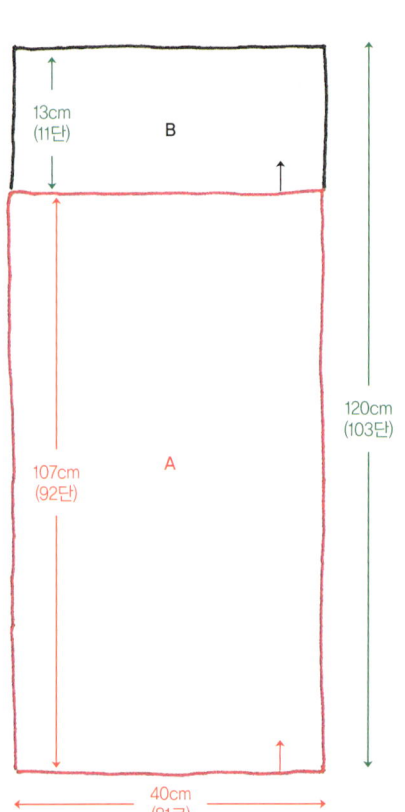

13cm
(11단)

B

120cm
(103단)

107cm
(92단)

A

40cm
(81코)

§ 도안 §

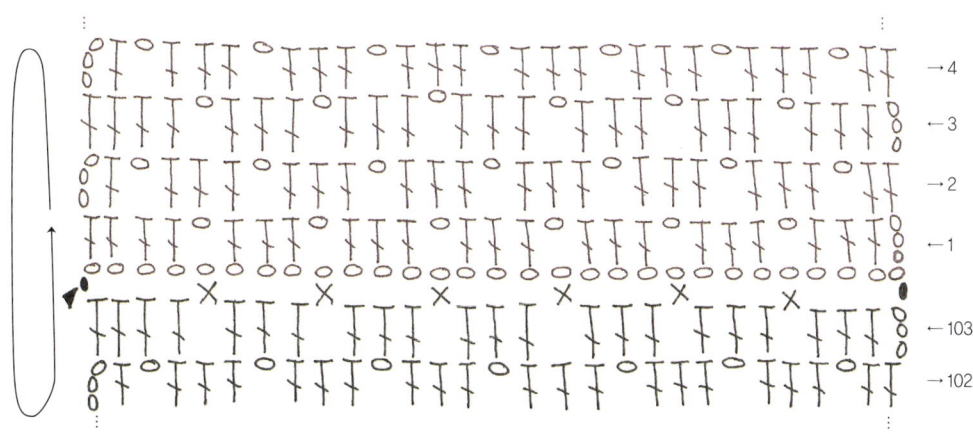

→4
←3
→2
←1

←103
→102

Rachel's Crochet

레이스 케이프

난이도   ☆
완성 크기 케이프 목둘레 60cm, 밑단 둘레 206cm, 케이프 세로 길이 24cm

사용된 기호 및 기법

한길긴뜨기

사용한 실의 성분과 중량

울–코튼 혼합사 145g

사용한 바늘 및 도구

모사용 3/0호 코바늘, 면 레이스 140cm

만드는 순서

1   면 레이스 **오른쪽** 끝에서 35cm 지점에 펀칭되어 있는 구멍에 실을 달고

2   사슬코 3개로 기둥코를 만든 후 바로 1단을 시작합니다.

3   도안대로 27단까지 뜹니다.

Rachel's Memo

한길긴뜨기만 연습되면 바로 만들어볼 수 있는 아이템입니다.
적당한 크기의 구멍이 일정하게 펀칭되어 있는 면 레이스를
고르는 것이 중요하겠죠?

레이스 케이프

§ 도면 §

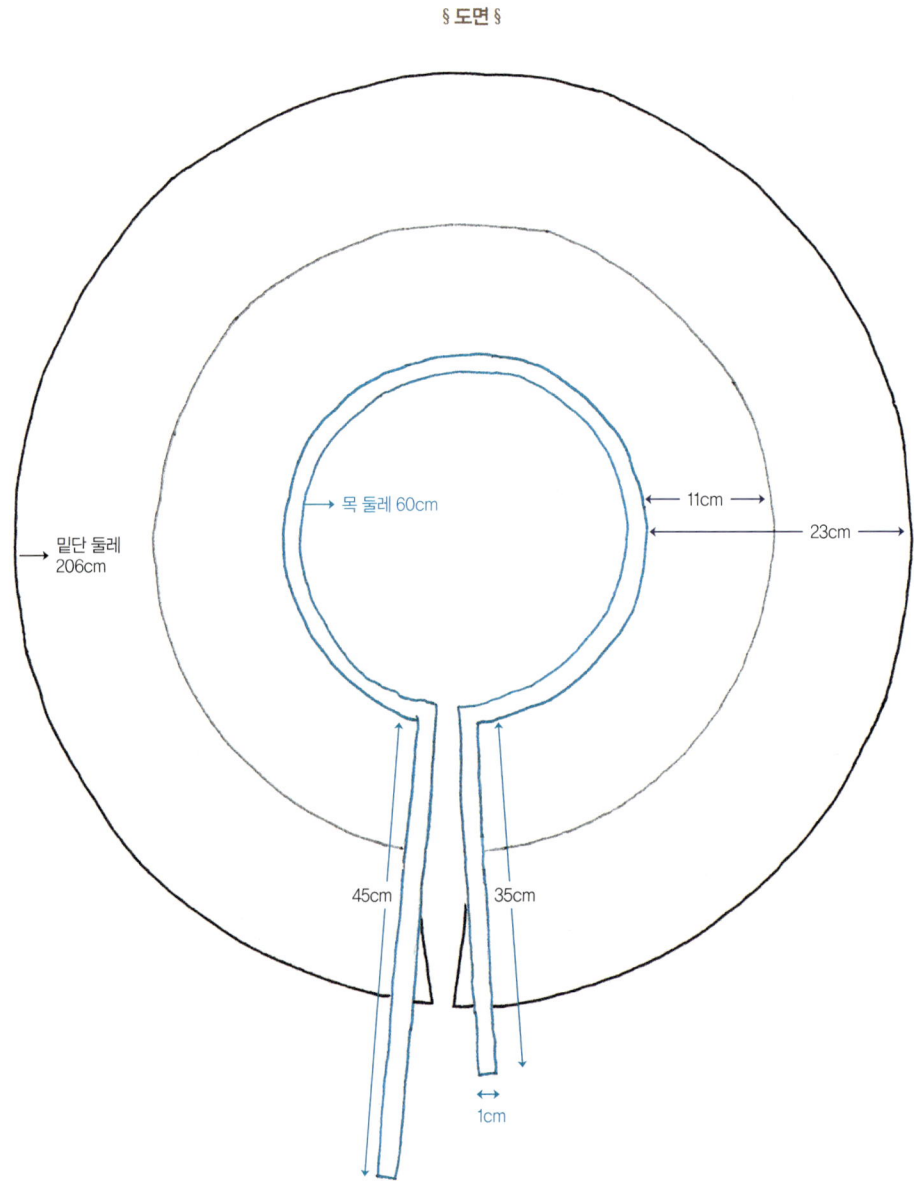

목 둘레 60cm

11cm

23cm

밑단 둘레
206cm

45cm

35cm

1cm

§ 도안 §

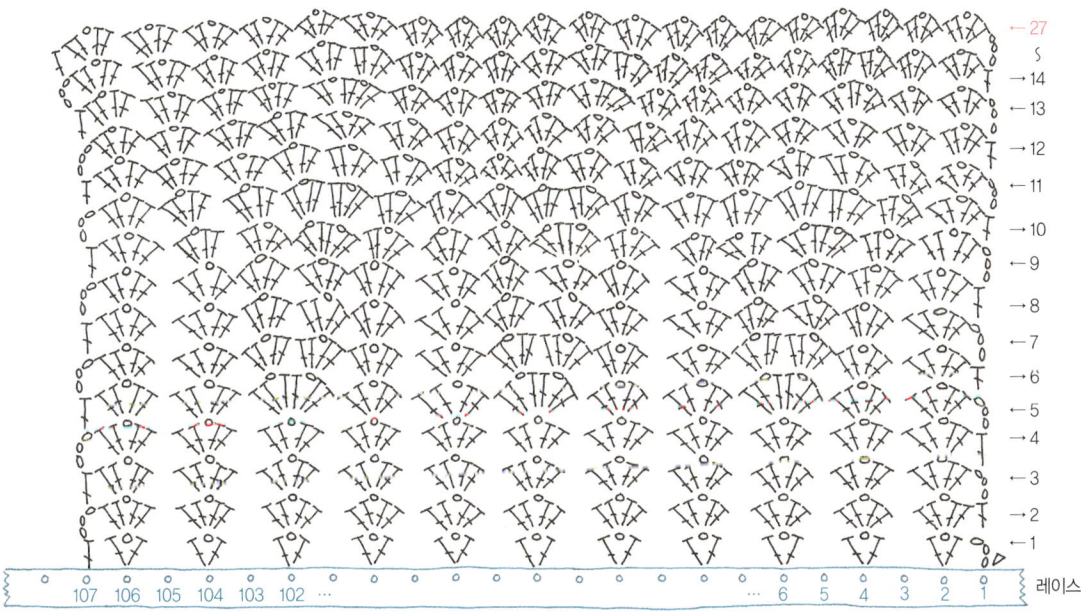

Rachel's Crochet

미니 케이프 칼라

난이도 ☆☆
완성 크기 케이프 목둘레 58cm, 케이프 너비 7cm

사용된 기호 및 기법

사슬코로 시작하기, 짧은뜨기, 한길긴뜨기,
긴뜨기 3코 변형 구슬뜨기, 사슬 3코 피코 빼뜨기

사용한 실의 성분과 중량

울 100% 35g

사용한 바늘 및 도구

모사용 5/0호 코바늘, 나무단추 1개(지름1cm)

만드는 순서

1   사슬코 98개의 시작코를 만듭니다(3의 배수+2코).

2   도안대로 1~7단까지 뜨고

3   8단을 뜨면서 단추 고리를 뜹니다.

4   9단은 실을 달고 떠서 완성합니다.

5   도안의 * 위치에 단추를 달아줍니다.

Rachel's Memo

단추를 달 때에는 일반 재봉실과 바늘을 사용하세요.

단추의 크기에 따라 단추 고리 사슬코를 조절하시면 됩니다.

미니 케이프 칼라

§ 도안 §

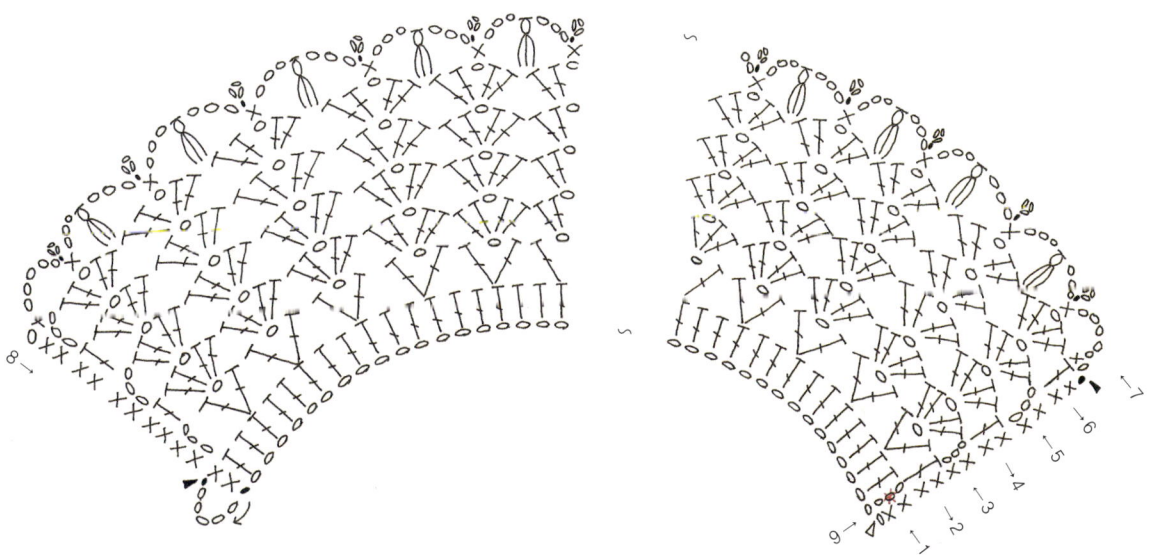

Rachel's Crochet

패션타이

난이도   ☆☆
완성 크기   타이 길이 154cm, 폭 4cm

How to Make

사용된 기호 및 기법

사슬코로 시작하기, 짧은뜨기,
한길긴뜨기 1코 교차뜨기

사용한 실의 성분과 중량

고급 아크릴사 회색 40g, 차콜색 약간

사용한 바늘 및 도구

모사용 5/0호 코바늘

만드는 순서

1   회색 실로 사슬코 317개의 시작코를 만듭니다.

2   도안대로 1~3단까지 뜹니다.

3   4단은 짧은뜨기로 가장자리를 뜨고 실을 자릅니다.

4   5단은 차콜색 실을 달고 빼뜨기로 한 번 더 가장자리를 둘러 완성합니다.

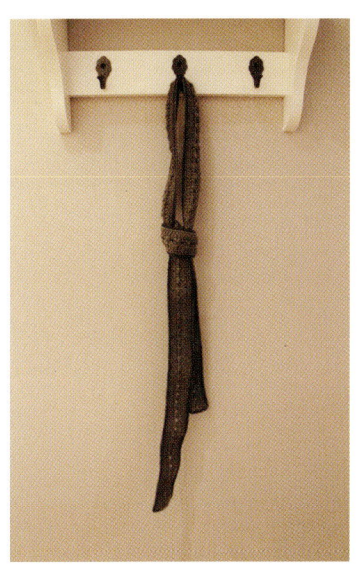

Rachel's Memo

남자 친구나 남편에게 선물하기 좋은 아이템으로
레이첼의 크로쉐 클래스의 새댁들이 가장 많이 만드는
패션 소품입니다. 심플한 여성용 셔츠에 느슨하게 한번 묶어서
연출해도 좋은 아이템입니다.

패션타이

§ 도안 §

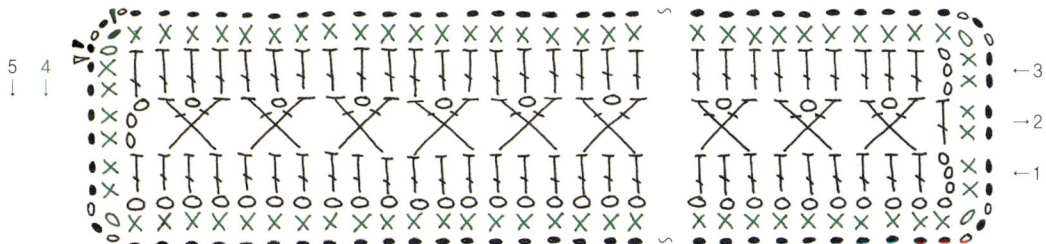

Rachel's Crochet

핸드워머(롱)

난이도 ☆☆
완성 크기 10×20cm

사용된 기호 및 기법

원통으로 시작하기, 한길긴뜨기-교차뜨기

사용한 실의 성분과 중량

울-아크릴 모헤어(1합) 회보라색 1켤레 50~70g

사용한 바늘 및 도구

모사용 5/0호 코바늘

만드는 순서

1. 사슬코 46코를 만든 후 첫 번째 사슬코 가운데로 바늘을 넣어 빼뜨기합니다(p.16 원통으로 시작하기 참고).

2. 오른쪽과 왼쪽을 구별하여 완성합니다.

3. 엄지손가락 부분에 실을 달고 완성합니다.

Rachel's Memo

시작콧수를 계산할 때 손목이 아닌, 손바닥 둘레를 재어야 합니다.

실 1개로 완성할 수 있는 아이템으로 선물하기 좋아요.

핸드워머(롱)

§ 핸드워머 도안 §

Lt   Rt

← 23
← 22
← 21
← 20
← 19
← 18
← 17
← 16
← 15
← 14
← 13
← 12
← 11
← 10
← 9
← 8
← 7
← 6
← 5
← 4
← 3
← 2
← 1

§ 엄지손가락 부분 §

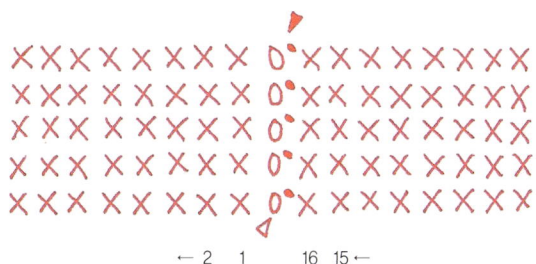

← 2　1　　16　15 ←

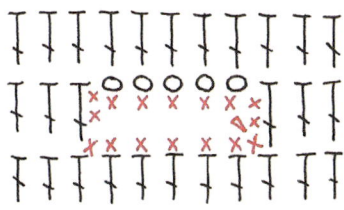

Lt

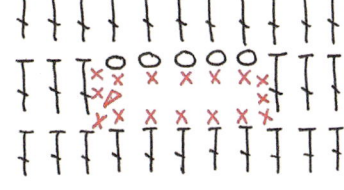

Rt

Rachel's Crochet

핸드워머(쇼트)

난이도　　☆☆
완성 크기 10×14cm

사용된 기호 및 기법

한길긴뜨기 3코 구슬뜨기, 긴뜨기 3코 변형구슬뜨기,
돗바늘로 반 코 감아잇기

사용한 실의 성분과 중량

울-앙고라 1켤레 50g~70g

사용한 바늘 및 도구

모사용 7/0호 코바늘, 돗바늘

만드는 순서

1　도면을 참고하여 A→B→C 순서대로 진행합니다

2　B도안-1에 따라 손목 부분을 만들고 돗바늘로 반 코씩 감침질합
　　니다(p.35 돗바늘로 반 코 감아잇기 참고).

3　오른쪽과 왼쪽을 구별하여 완성합니다.

4　엄지손가락 부분에 실을 달고 완성합니다.

Rachel's Memo

후드 머플러와 세트로 디자인된 핸드워머입니다.

스마트폰을 많이 사용하는 중고등학생들에게 인기 아이템이에요.

핸드워머(쇼트)

§ 도면 §

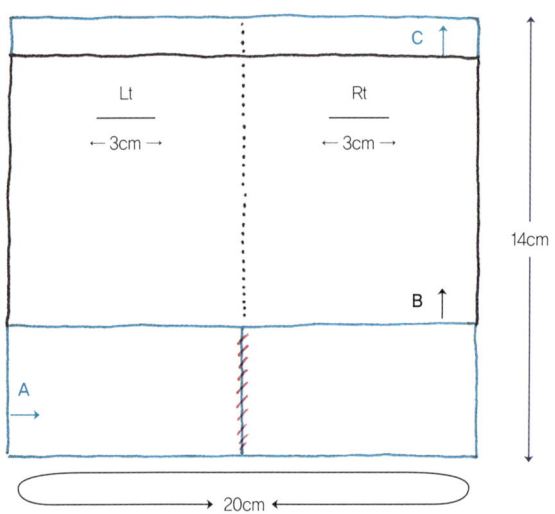

§ 색상표 §

part	단수	실 색상
A 손목	1~16단	하늘색
B 손바닥	1~7단	진회색
C 손바닥	1 단	하늘색

§ 핸드워머 손목과 손바닥 부분 §

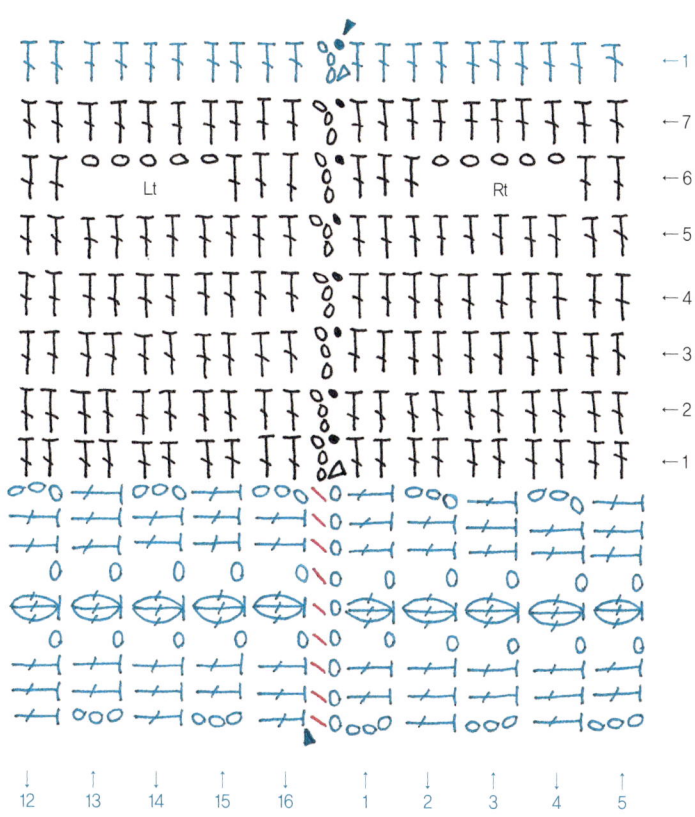

§ 핸드워머 엄지손가락 부분 §

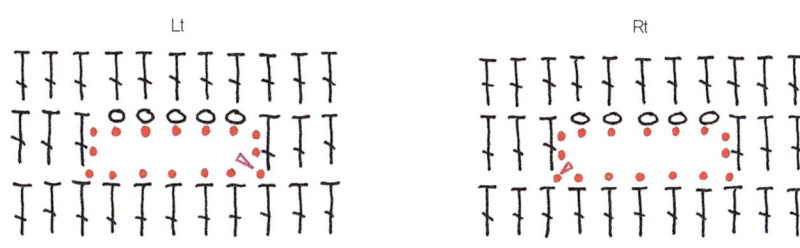

Lt

Rt

Rachel's Crochet

옷걸이 1

난이도 ☆☆☆
완성 크기 45×9.5cm

How to Make

사용된 기호 및 기법

장미 모티브 만들기, 그라니 모티브 연결하기,
돗바늘로 반 코 감아잇기

사용한 실의 성분과 중량

램스울 40g(연핑크색, 올리브색, 베이지색)

사용한 바늘 및 도구

모사용 5/0호 코바늘, 돗바늘, 옷핀,
일자형 옷걸이(가로 44cm)

만드는 순서

1 색상표대로 실을 바꾸어가며 장미 모티브를 만들면서 1번에서 5번까지 번호순서대로 연결합니다.

2 연결된 5장의 모티브 가장자리를 한길긴뜨기로 둘러줍니다.

3 100cm 정도 실을 남기고 자른 후 돗바늘을 끼워주세요.

4 모티브 3번에 옷걸이 고리를 끼우고

5 모티브를 반으로 접어 옷걸이를 감싼 후 옷핀으로 임시 고정시킵니다.

6 도면의 A → B → C – 순서대로 돗바늘로 반 코씩 감침질하여 완성합니다.

7 옷걸이를 조심스럽게 구부려 모양을 잡아줍니다.

1

2

3

4

1 모티브 5개를 연결해둡니다.

2 가운데 모티브(3번)에 옷걸이 고리를 끼우고 옷핀으로 고정합니다.

3 마주보는 사슬코의 머리코를 반 코씩 감아 이어줍니다.

4 이때 실이 지나치게 잡아당겨지지 않게 주의하세요.

옷걸이 1

§ 도면 §

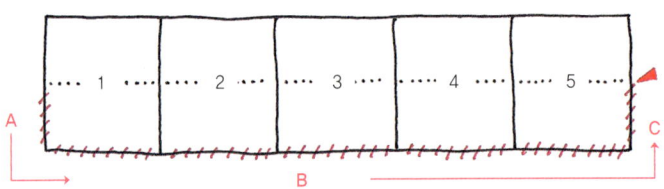

§ 장미 모티브 도안 §

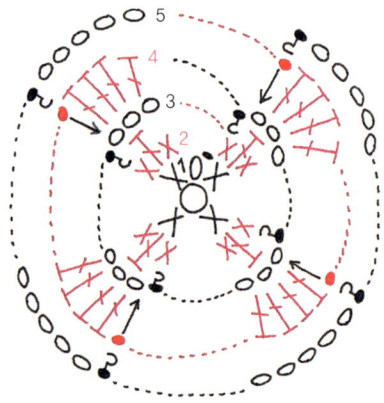

§ 색상표 §

part	단수	실 색상
장미	1~5단	베이지색
잎새	6단	올리브색
그라니	7단	연핑크색
가장자리	8단	연핑크색

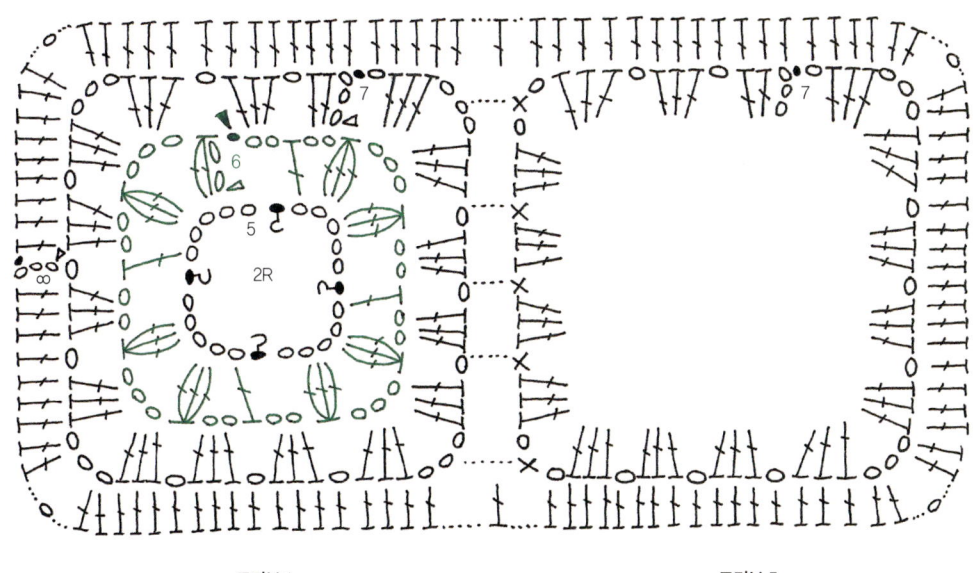

모티브 1   모티브 5

Rachel's Crochet

옷걸이 2

난이도　☆☆
완성 크기　45×9.5cm

사용된 기호 및 기법

한길긴뜨기 3코 구슬뜨기, 그래니 모티브 연결하기,
돗바늘로 반 코 감아잇기

사용한 실의 성분과 중량

고급 아크릴사 50g (빨간색, 아이보리, 연회색, 진밤색,
베이지색, 진회색)

사용한 바늘 및 도구

모사용 5/0호 코바늘, 돗바늘, 옷핀,
일자형 옷걸이(가로 44cm)

만드는 순서

1 색상표대로 실을 바꾸어가며 모티브를 만들면서 1번에서 5번까지 번호 순서대로 연결합니다.

2 연결된 5장의 모티브 가장자리를 짧은뜨기로 둘러줍니다.

3 100cm 정도 실을 남기고 자른 후 돗바늘을 끼워주세요.

4 모티브 3번에 옷걸이 고리를 끼우고

5 모티브를 반으로 접어 옷걸이를 감싼 후 옷핀으로 임시 고정시킵니다.

6 그림 1의 A → B → C 순서대로 돗바늘로 반 코씩 감침질하여 완성합니다(p.35 반 코 감아잇기 참고).

7 옷걸이를 조심스럽게 구부려 모양을 잡아줍니다.

옷걸이 2

§ 도면 §

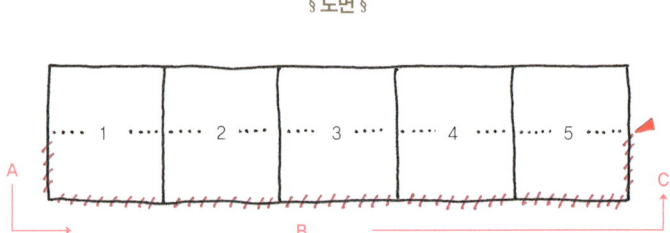

§ 모티브 및 가장자리 도안 §

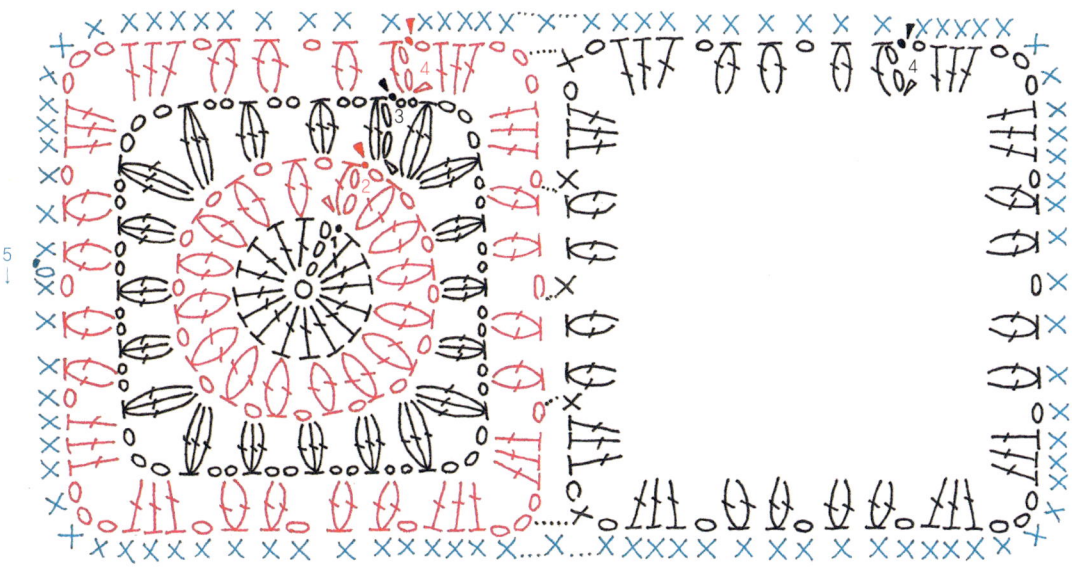

모티브 1 　　　　　　　　　　　　　　　　　모티브 5

§ 색상표 §

파트	1단	2단	3단	4단	5단
모티브 1	아이보리색	빨간색	빨간색	진갈색	연회색
모티브 2	혼합색	아이보리색	진갈색	아이보리색	
모티브 3	진갈색	아이보리색	빨간색	혼합색	
모티브 4	빨간색	아이보리색	연회색	진갈색	
모티브 5	혼합색	빨간색	아이보리색	빨간색	

Rachel's Crochet

Part 02

레이첼의 티타임 소품

Rachel's Crochet

심플 티포트 홀더

난이도 ☆
완성 크기 15×13.5cm

How to Make

사용된 기호 및 기법

사슬코로 시작하기, 짧은뜨기, 한길긴뜨기

사용한 실의 성분과 중량

면사 18호, 회색 20g

사용한 바늘 및 도구

모사용 5/0호 코바늘

만드는 순서

1   **시작코** 사슬코 25개로 시작코를 만듭니다.

2   **1단** 사슬코 3개로 기둥코를 만들고 사슬코의 5번째 뒷
    산에 한길긴뜨기를 1코씩 24개를 떠서 한길긴뜨기의 기
    둥이 모두 25개가 되었는지 확인합니다(p.14 사슬코로 시작
    하기 참고).

3   **1단에서 2단으로** 1단을 모두 뜬 다음 다시 사슬코 3개로
    기둥코를 만든 후 편물의 오른쪽을 뒤로 넘깁니다(시계반
    대방향으로 회전).

4   **2단** 1단의 한길긴뜨기의 머리코(2가닥이 1쌍)마다 바늘을
    넣어 한길긴뜨기를 뜹니다.

5   **3~11단** 2번에서 4번을 반복합니다.

6   **12단** A → B → C → D 순서대로 시계반대방향으로 돌아
    가며 진행합니다.

7   **12단-A** 사슬 1코(12단의 기둥코에 해당함)를 뜬 다음 단수
    링으로 표시해두고, 옆으로 누운 한길긴뜨기의 기둥 전체
    를 감아 짧은뜨기를 한길긴뜨기 1단에 2개씩 뜹니다.

8   **12단-B** 역시 짧은뜨기 기둥코에 해당하는 사슬1코를 뜨
    고 시작합니다. 도안 1의 시작코 부분은 이미 1단을 뜰 때
    뒷산을 주워 떴으므로 남아 있는 사슬코의 머리코에 바
    늘을 넣어 짧은뜨기를 1코씩 뜹니다.

9   **12단-C** 동일하게 짧은뜨기 기둥코에 해당하는 사슬 1코
    를 뜨고 시작하며 12단 A 부분과 같이 옆으로 누운 한길
    긴뜨기의 기둥 전체를 감아 짧은뜨기를 한길긴뜨기 1단
    에 2개씩 뜹니다.

10 **12단-D** 11단의 한길긴뜨기의 머리코 2가닥을 주워 짧은
    뜨기를 하고 7번에 단수링으로 표시해둔 사슬코에 빼뜨
    기를 합니다.

11 **13단** 사슬 25코로 고리를 만들고 한 번 더 빼뜨기를 하
    여 완성합니다.

Rachel's Memo

크로쉐 수업 첫날 배우는 아이템으로 실잡기와 바늘잡기를
숙지하면서 한길긴뜨기를 연습하기 위한 단계입니다.
도안 읽기에 익숙해지면 쉽지만 이제 바늘을 잡기 시작한
초보를 위해 자세하게 풀어서 설명했습니다.

심플 티포트 홀더

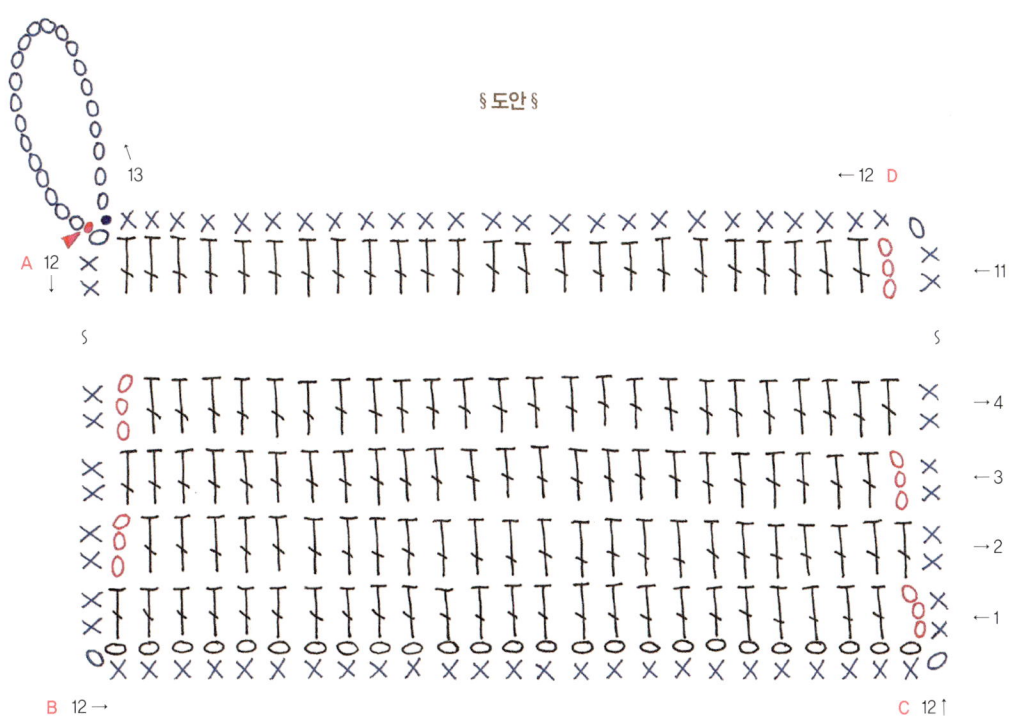

§ 도안 §

Rachel's Crochet

심플 티코스터 1

난이도 　☆
완성 크기 지름 12cm

사용된 기호 및 기법

원형코로 시작하기, 짧은뜨기, 한길긴뜨기

사용한 실의 성분과 중량

면사 18호, 회색 13g

사용한 바늘 및 도구

모사용 5/0호 코바늘

만드는 순서

1   원형코를 만듭니다(p.15 원형코로 시작하기 참고).

2   **1단** 사슬코 3개의 기둥코를 뜹니다. 이때 첫 번째 사슬코가 원형
　　코 중심으로 말려들어가 기둥코가 짧아지지 않도록 주의합니다.

3   한길긴뜨기 15개를 떠서 1단의 한길긴뜨기의 기둥이 모두 16개
　　가 만들어졌는지 확인합니다.

4   1단의 기둥코의 세번째 사슬코 머리코에 바늘을 넣고 빼뜨기를
　　합니다. 이때도 역시 기둥코가 짧아지지 않도록 주의합니다.

5   2〜5단까지 빼뜨기에 주의하며 도안대로 완성합니다.

> **Rachel's Memo**
>
> 원형코로 시작하기 연습과 빼뜨기를 연습하는 단계입니다.
> 매단마다 시작콧수만큼 증가하는 원형 모티브를
> 연습하는 단계입니다.

심플 티코스터 1

§도안§

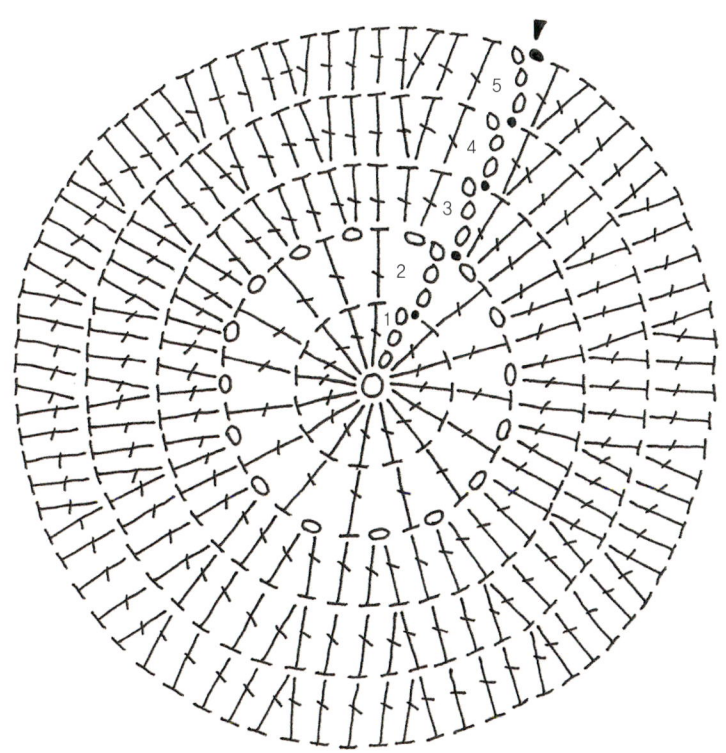

Rachel's Crochet

심플 티코스터 2

난이도   ☆
완성 크기 지름 13cm

How to Make

사용된 기호 및 기법

원형코로 시작하기, 짧은뜨기, 한길긴뜨기,
빼뜨기 연속 3코 뜨기

사용한 실의 성분과 중량

면사 18호, 회색과 갈색 총 15g

사용한 바늘 및 도구

모사용 5/0호 코바늘

만드는 순서

1   회색실로 원형코를 만들고 1～3단까지 도안대로 뜹니다(p.15 원형코로 시작하기 참고).

2   갈색 실을 달고 4단을 뜹니다.

3   빼뜨기를 연속 3번하여 다음 단 시작 위치를 왼쪽으로 2코 이동합니다.

4   5단을 뜨고 완성합니다.

5   2～5단까지 빼뜨기에 주의하며 도안대로 완성합니다.

Rachel's Memo

실달기는 말 그대로 '실달기 기호가 있는 코의 뒤쪽에 실을 놓고
같은 코에 바늘을 넣어 실을 끌어 앞으로 당겨오는 것'까지를
말합니다. 빼뜨기 연속 3코 뜨기는 실을 자르지 않고 다음 단
시작 위치를 왼쪽으로 이동할 때 주로 사용합니다.

심플 티코스터 2

§ 빼뜨기 연속 3코 뜨기 과정 §

1. 사슬 3개로 된 기둥코의 아래에서 3번째 사슬코의 머리코에 바늘을 넣고 빼뜨기합니다.
2. 한길긴뜨기의 머리코에 바늘을 넣고 빼뜨기합니다.
3. 사슬코에 빼뜨기를 할 때에는 굳이 머리코에 바늘을 넣지 않고 사슬코 아래공간에 바늘을 넣어 빼뜨기합니다.

§ 도안 §

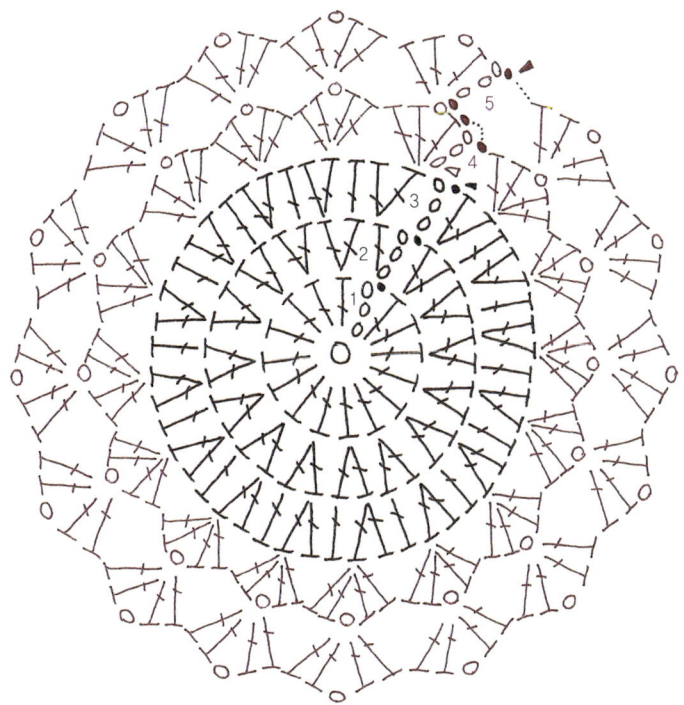

Rachel's Crochet

스위트 티포트 매트

난이도　☆☆
완성 크기　지름 30cm

사용된 기호 및 기법

원형코로 시작하기, 짧은뜨기, 한길긴뜨기,
긴뜨기 3코 변형 구슬뜨기, 사슬 3코 피코 빼뜨기,
빼뜨기 연속 3코 뜨기

사용한 실의 성분과 중량

램스울 연핑크색 20g, 아이보리색 40g

사용한 바늘 및 도구

모사용 7/0호 코바늘

만드는 순서

1　연핑크색 실로 원형코를 만들고 1～5단까지 도안대로 뜹니다.

2　아이보리색 실을 달고 6～10단까지 도안대로 뜹니다.

3　긴뜨기 3코 구슬뜨기 후 진행되는 사슬 3코 피코 빼뜨기는 과정
　　사진을 참고하세요.

Rachel's Memo

스위트 티코지와 함께 사용할 수 있는 티포트 매트로 디자인하였으나
1인용 티매트 또는 다용도 매트로 사용하셔도 좋습니다.

스위트 티포트 매트

§ 도안 §

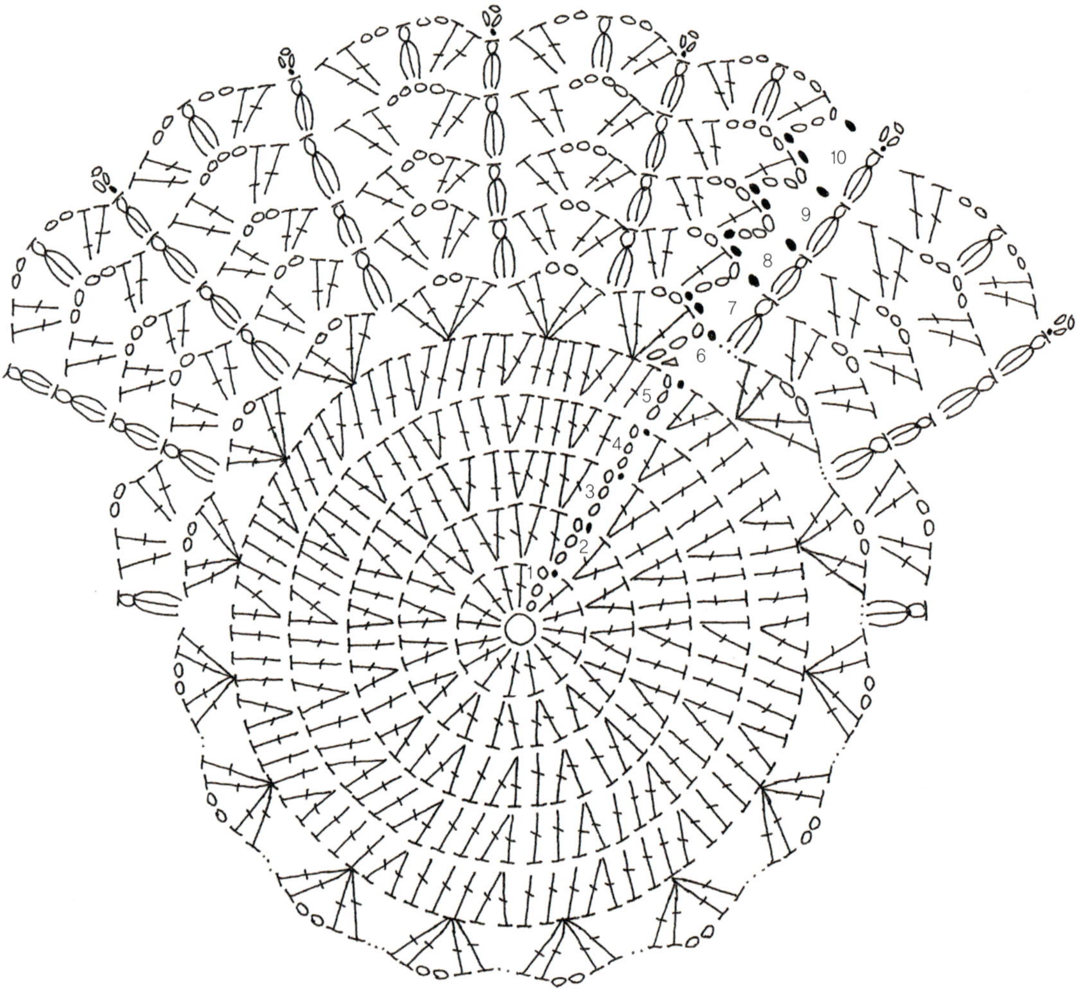

§ 사슬3코 피코 빼뜨기 과정 §

1

긴뜨기 3코 변형 구슬뜨기를 뜹니다.

2

사슬 3코를 뜹니다.

3

그림과 같이 바늘을 넣습니다.

4

실을 걸어 빼뜨기합니다.

5

사슬 3코 피코 빼뜨기가 완성되었습니다.

스위트 티코지

난이도 ☆☆☆
완성 크기 지름 22cm, 높이 11cm

How to Make

사용된 기호 및 기법

장미 모티브 만들기, 짧은뜨기 앞걸어뜨기,
긴뜨기 3코 변형 구슬뜨기, 빼뜨기 연속 3코 뜨기

사용한 실의 성분과 중량

램스울—민트색(다른 색보다 얇은 실), 연핑크색,
아이보리색 총 120g

사용한 바늘 및 도구

모사용 7/0호, 5/0호 코바늘

만드는 순서

1 연핑크색 실로 장미를 만들고 아이보리색 실을 달고 8~13단까지 도안대로 뜹니다.

2 연핑크색 실을 달고 1~18단까지 도안대로 뜹니다.

3 민트색 실을 달고 도안 3대로 뜹니다(짧은뜨기 앞걸어뜨기는 과정사진을 참고하세요).

Rachel's Memo

티코지는 티포트 안의 홍차가 빨리 식지 않도록 도와주는
역할을 합니다. 따라서 주둥이가 오픈되어 있는 티코지보다
티포트 전체를 덮어주는 디자인이 실용적입니다.

스위트 티코지

§ 짧은뜨기 앞걸어뜨기 §

1 2 3 4

§ 짧은뜨기 앞걸어뜨기 부분 도안 §

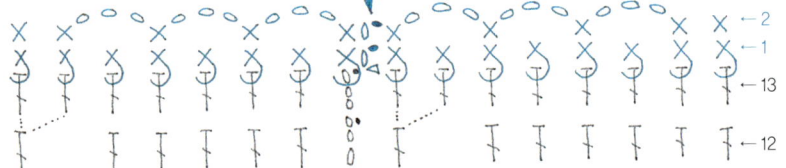

§ 장미 모티브 도안 §

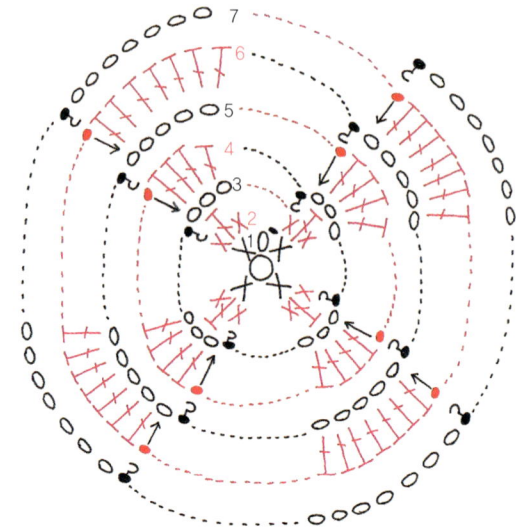

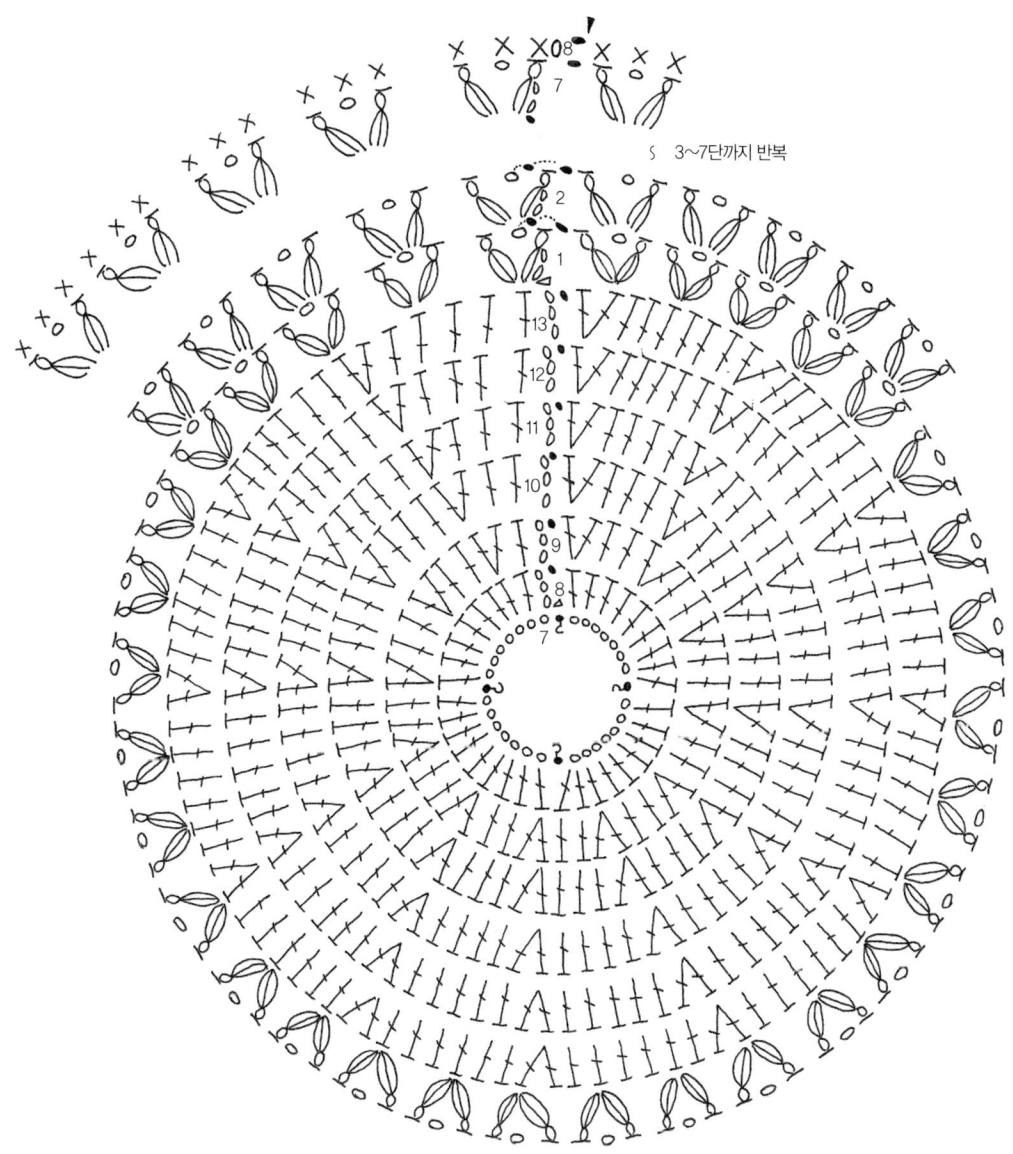

3~7단까지 반복

§ 색상표 §

파트	단수	실 색상	코바늘 홋수
장미	1~7단	연핑크색	
티코지 윗면	8~13단	아이보리색	7/0호
티코지 옆면	1~8단	연핑크색	
티코지 윗면 장식	1단	민트색	5/0호

Rachel's Crochet

스위트 티포트 홀더 1

난이도 ☆☆☆
완성 크기 15×15cm

사용된 기호 및 기법

장미 모티브 만들기, 그라니 스퀘어 모티브 만들기,
사슬 3코 피코 빼뜨기,
그라니 스퀘어 모티브 두 장 잇기

사용한 실의 성분과 중량

램스울 연핑크색, 민트색, 아이보리색 총 15g
면사 20수 베이지색 20g, 면사 40수 약간

사용한 바늘 및 도구

모사용 5/0호, 3/0호, 2/0호 코바늘

만드는 순서

1 배색표에 따라 장미 모티브를 만듭니다(5/0호 사용).

2 면사 20수로 그라니 스퀘어 모티브를 만듭니다(3/0호 사용).

3 1번과 2번을 안쪽 면이 맞닿도록 포개어 잡고,

4 면사 40수로 도안대로 뜨면서 1번과 2번을 연결해준 다음 가장
   자리뜨기를 하여 완성합니다.

Rachel's Memo

티포트 홀더의 고리를 티포트의 주둥이에 걸어서 사용하는 것이
좋습니다. 그렇게 하면 티포트의 뚜껑과 손잡이까지
감싸 쥘 수 있어 손도 데지 않고 티포트를 기울일 때
뚜껑이 떨어지는 것을 막을 수도 있습니다.

스위트 티포트 홀더 1

§ 장미 모티브 도안 §

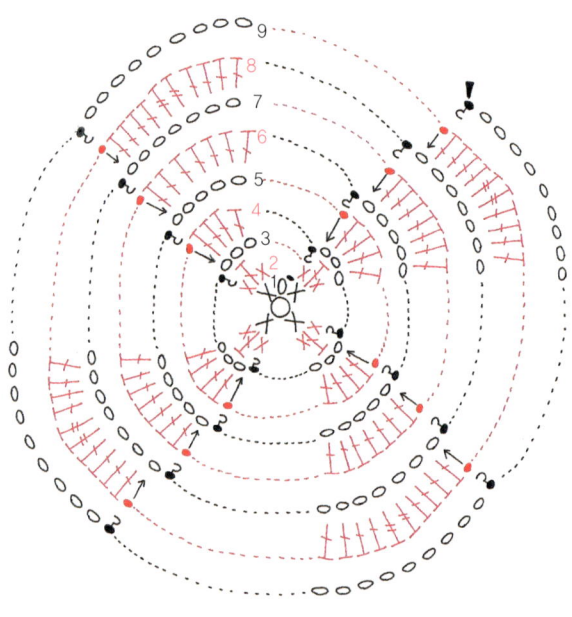

§ 앞면 도안 §

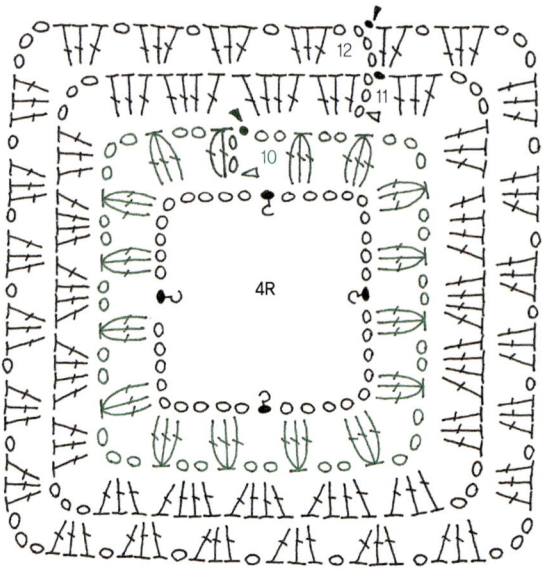

§ 색상표 §

		단수	실 색상	코바늘 홋수
앞면	장미	1~9단	연핑크색	5/0호
	잎새	10	민트색	
	그라니	11~12단	아이보리색	
뒷면		1~8단	면사 20수 아이보리색	3/0호
가장자리(앞면과 뒷면)		1~4단	면사 40수 베이지색	2/0호

Rachel's Crochet

스위트 티포트 홀더 2

난이도　　☆☆☆
완성 크기　15×15cm

사용된 기호 및 기법

장미 모티브 만들기, 원형 모티브 만들기,
사슬 3코 피코 빼뜨기, 모티브 두 장 잇기

사용한 실의 성분과 중량

램스울 총(연핑크색, 올리브색, 연보라색) 15g,
면사 20수 베이지색 20g, 면사 40수 갈색 약간

사용한 바늘 및 도구

모사용 5/0호, 3/0호, 2/0호 코바늘

만드는 순서

1　색상표에 따라 장미 모티브를 만듭니다(5/0호 사용).

2　20수 면사로 원형 모티브를 만듭니다(3/0호 사용).

3　1번과 2번을 안쪽 면이 맞닿도록 포개어 잡고,

4　면사 40수로 도안대로 뜨면서 1번과 2번을 연결해준 다음 가장
　자리뜨기를 하여 완성합니다.

Rachel's Memo

티포트 홀더의 뒷면을 면사로 만들어주면 실제로 티포트에
닿는 부분이 울사보다 덜 미끄러워서 실용적입니다.

106
107

스위트 티포트 홀더 2

§장미 모티브 도안§

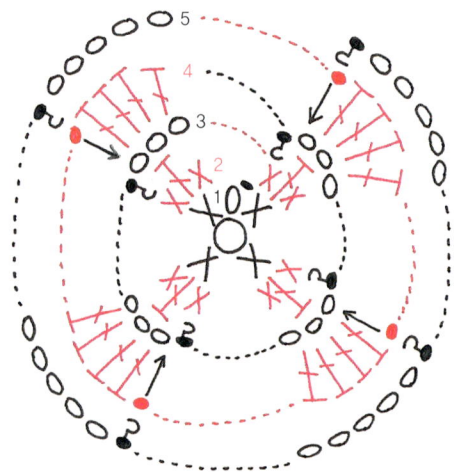

§앞면 도안§

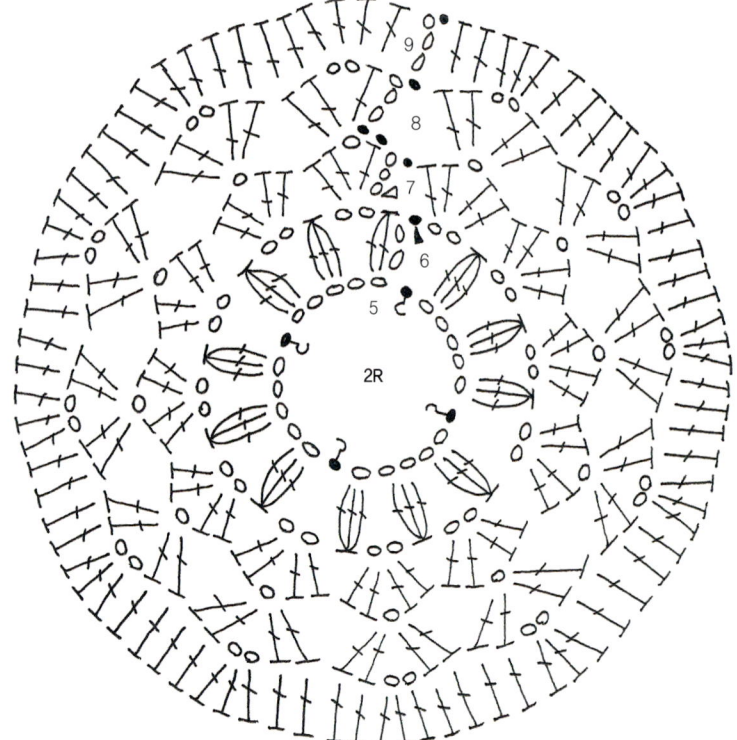

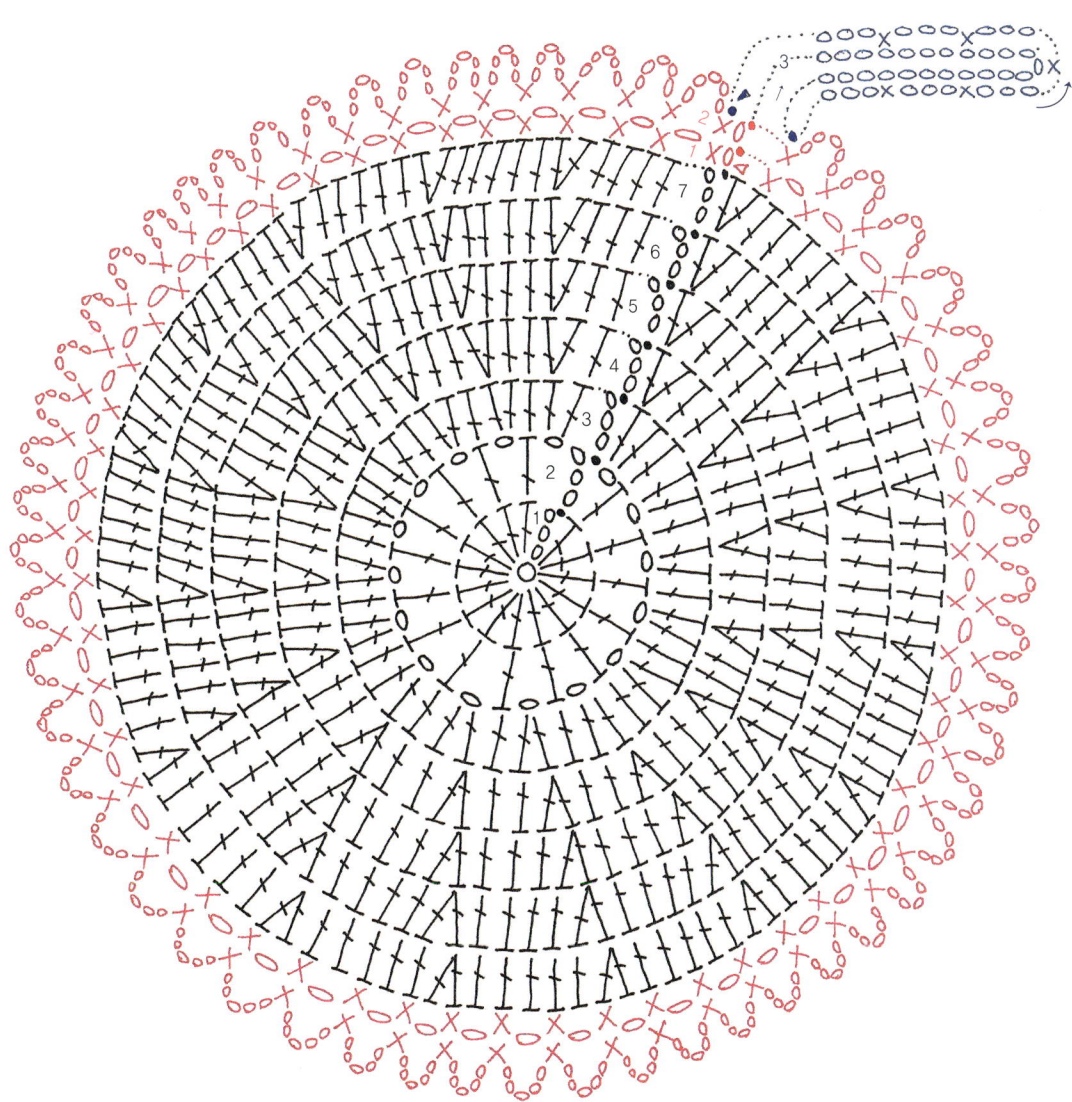

§ 색상표 §

		단수	실 색상	코바늘 홋수
앞면	장미	1~5단	연핑크색	5/0호
	잎새	6단	올리브색	
	그라니	7~9단	연보라색	
뒷면		1~7단	면사 20수 아이보리색	3/0호
가장자리 (앞면과 뒷면)		1~3단	면사40수 베이지색	2/0호

Rachel's Crochet

Part 03

레이첼의 블랭킷

Rachel's Crochet

빅 그라니 숄 블랭킷

난이도 ☆
완성 크기 가로 세로 104cm, 술(프린지) 길이 10cm
대각선으로 접었을 때 단면 (156cm)

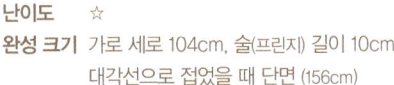

How to Make

사용된 기호 및 기법

원형코로 시작하기, 한길긴뜨기

사용한 실의 성분과 중량

램스울(진핑크색, 진자주색, 카키색, 붉은 혼합색)
총 850g

사용한 바늘 및 도구

모사용 5/0호 코바늘

만드는 순서

1 1~8단까지의 도안을 참고하여 색상표에 따라 1~45단까지 뜹니다.

2 블랭킷 가장자리 표시한 곳에 술(프린지)을 달아줍니다(p.28 술 달기 참고).

Rachel's Memo

식탁의자에 걸쳐두고 책을 읽을 때, TV를 볼 때는 무릎 담요로,
잠시 산책을 할 때는 숄로 사용하기 좋은 블랭킷입니다.

빅 그라니 숄 블랭킷

§ 도안 §

§ 색상표 §

색상배색표 (1~45단)														
메인 모티브			패턴 1			패턴 2			패턴 3			패턴 4		
단	색상	V	단	색상	V	단	색상	V	단	색상	V	단	색상	V
1	진자주색		9	진자주색		19	진자주색		26	진자주색		37	진자주색	
2	진핑크색		10	붉은 혼합색		20	붉은 혼합색		27			38	붉은 혼합색	
3			11			21	카키색		28	붉은 혼합색		39	카키색	
4	진자주색		12	진자주색		22	진핑크색		29	진자주색		40		
5	카키색		13	카키색		23			30	카키색		41	진자주색	
6	진핑크색		14			24			31			42	진핑크색	
7			15			25			32	진핑크색		43		
8			16	진핑크색					33			44		
			17						34			45		
			18						35			카키색으로 술 달기		
									36					

Rachel's Crochet

레인보우 블랭킷

난이도 ☆☆
완성 크기 72×72cm(모티브 6×6개=총 36개)
모티브 1개=12cm

How to Make

사용된 기호 및 기법

원형코로 시작하기, 한길긴뜨기,
그라니 모티브 연결하기

사용한 실의 성분과 중량

모헤어와 울-아크릴 혼합사(네온핑크색, 노란색,
보라색, 청록색, 베이지색) 총 430g

사용한 바늘 및 도구

모사용 7/0호 코바늘

만드는 순서

1 1~4단 색상표대로 실을 바꾸어 가며 모티브를 완성합니다.

2 5단 네온핑크색으로 5단을 뜨면서 배열표대로 모티브를 연결합니다(가장자리 도안 및 p.17 그라니 모티브 연결하기 참고).

3 6단 모두 연결된 블랭킷에 보라색 실을 달고 사슬뜨기 3코와 짧은뜨기 1코를 반복하며 가장자리뜨기를 합니다.

Rachel's Memo

모헤어 블랭킷은 가볍고 따뜻해서 늘 짐이 많고 무거운
아기엄마들의 외출용 유모차 블랭킷으로 좋습니다.

레인보우 블랭킷

§ 모티브 도안 §

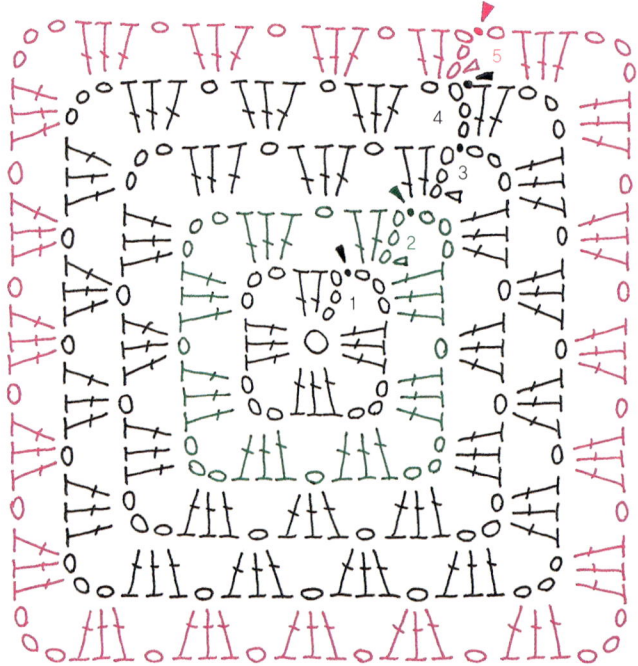

§ 색상표 §

모티브 번호	1단	2단	3~4단	5단	갯수
1	노란색	베이지색	하늘색	네온 핑크색	3
2			청록색		3
3			보라색		3
4		청록색	베이지색		3
5	보라색	베이지색	하늘색		3
6			청록색		3
7			노랑색		3
8		하늘색	베이지색		3
9	청록색	베이지색	보라색		3
10			노랑색		3
11		노란색	베이지색		3
12	하늘색	보라색	베이지색		3
모티브 총 갯수					36개

§ 모티브 연결 및 가장자리 도안 §

§ 모티브 배열표 §

가로 6×세로 6개=총 36개

	1	2	3	4	5	6
1	4	9	8	2	1	7
2	6	11	5	10	12	3
3	1	7	3	8	6	4
4	10	2	12	9	11	5
5	8	1	7	12	3	2
6	9	4	6	5	10	11

난이도 ☆☆

완성 크기 153×63cm(모티브 10×4개=총 40개)
모티브 1개 15cm

How to Make

사용된 기호 및 기법

원형코로 시작하기, 한길긴뜨기,
돗바늘로 반 코 감아잇기

사용한 실의 성분과 중량

램스울(연하늘색, 연갈색) 총 850g

사용한 바늘 및 도구

모사용 7/0호 코바늘, 돗바늘

만드는 순서

1 1~5단 연하늘색실로 원형코를 만들고 도안대로 뜬 다음,

2 6단 연갈색으로 한단을 더 떠서 총 6단짜리 모티브를 40개 만들어놓습니다(도안 참고).

3 돗바늘로 모티브의 가로선을 모두 반 코씩 감침질하여 연결합니다(p.35 돗바늘로 반 코 감아잇기 참고).

4 그 다음 각 모티브의 세로선을 모두 반 코씩 감침질하여 연결합니다.

5 모든 모티브가 연결된 다음 다시 실을 달고 한길긴뜨기 1단을 둘러 완성합니다(가장자리 도안 참고).

Rachel's Memo

일반 그라니 스퀘어 모티브보다 더욱 촘촘한 조직으로 완성되므로
소파패드로 사용하기 좋습니다. 블랭킷을 선물할 사람을 위해
기도하는 마음으로 모티브를 하루에 1장씩 만들어 두었다가
모두 연결하여 완성해도 좋겠지요.

블레싱 블랭킷

§ 모티브 도안 §

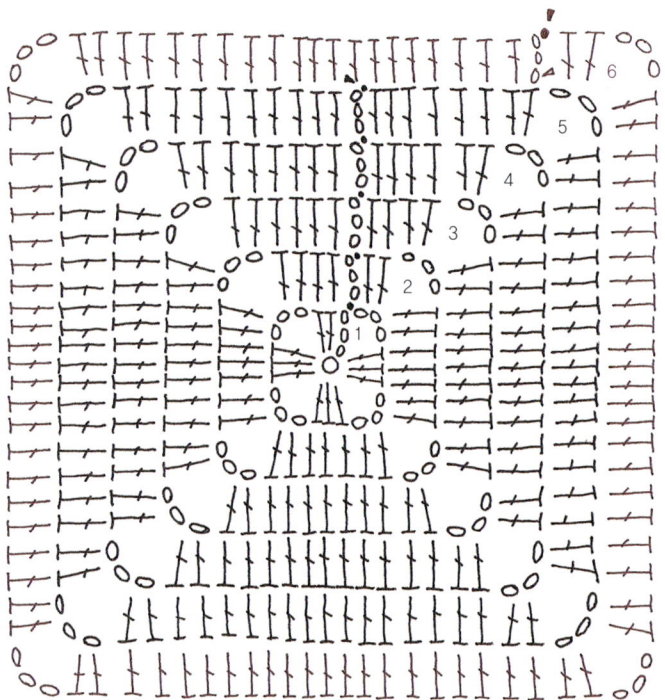

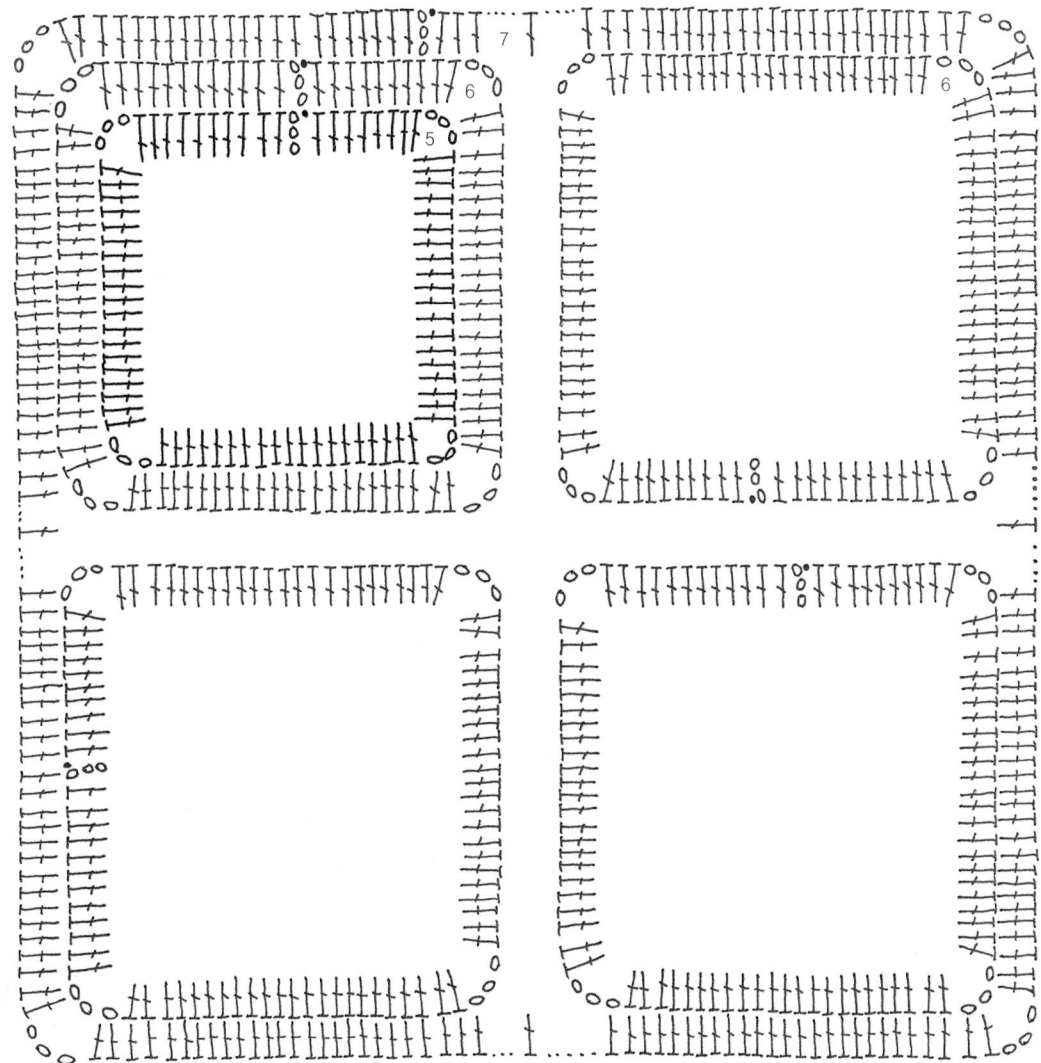

§ 색상표 §

파트	단수	실 색상
모티브	1~5단	연하늘색
	6단	연갈색
가장자리	7단	연갈색

난이도　　☆☆☆
완성 크기　140×70cm(모티브 10×5개=총 50개)
　　　　　모티브 1개=12.5cm

사용된 기호 및 기법

장미 모티브 만들기, 그라니 모티브 연결하기

사용한 실의 성분과 중량

램스울(살구색, 올리브색, 보라색, 아이보리색) 총 1,100g

사용한 바늘 및 도구

모사용 5/0호 코바늘

만드는 순서

1　살구색으로 장미를 만들고 올리브색으로 잎새를 만든 후 아이보리색으로 그라니 2단까지 떠서 모티브 50개를 완성합니다.

2　보라색으로 마지막 단을 뜨면서 각 모티브를 연결해줍니다.

3　모티브 50장을 다 연결한 후 블랭킷 전체를 보라색으로 1단 더 둘러줍니다(가장자리 도안 참고).

4　아이보리색 실을 달고 짧은뜨기 1코, 사슬뜨기 3코를 반복하며 마지막 단을 완성합니다.

Rachel's Memo

장미가 예쁘게 만들어지지 않을 때는 3단, 5단, 7단에 해당하는 사슬코를 약간 느슨하게 떠주세요.

로지 바이올렛 블랭킷

§ 도면 §

140cm

70cm

1	2	3	4	5	6	7	8	9	10
2									
3									
4									
5									

§ 장미와 잎새 도안 §

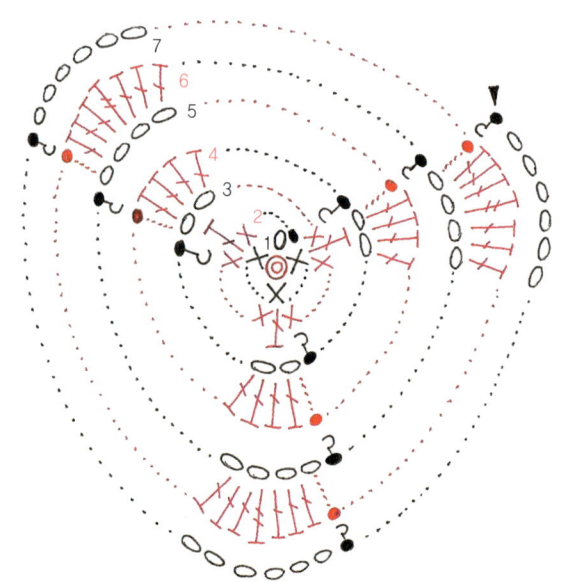

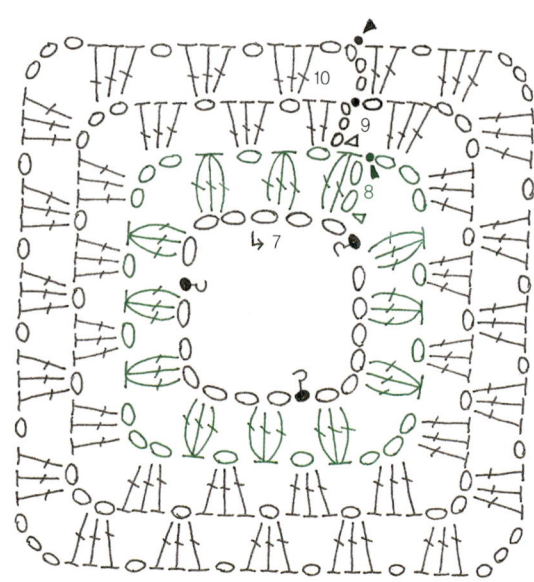

§ 모티브 연결 및 가장자리 도안 §

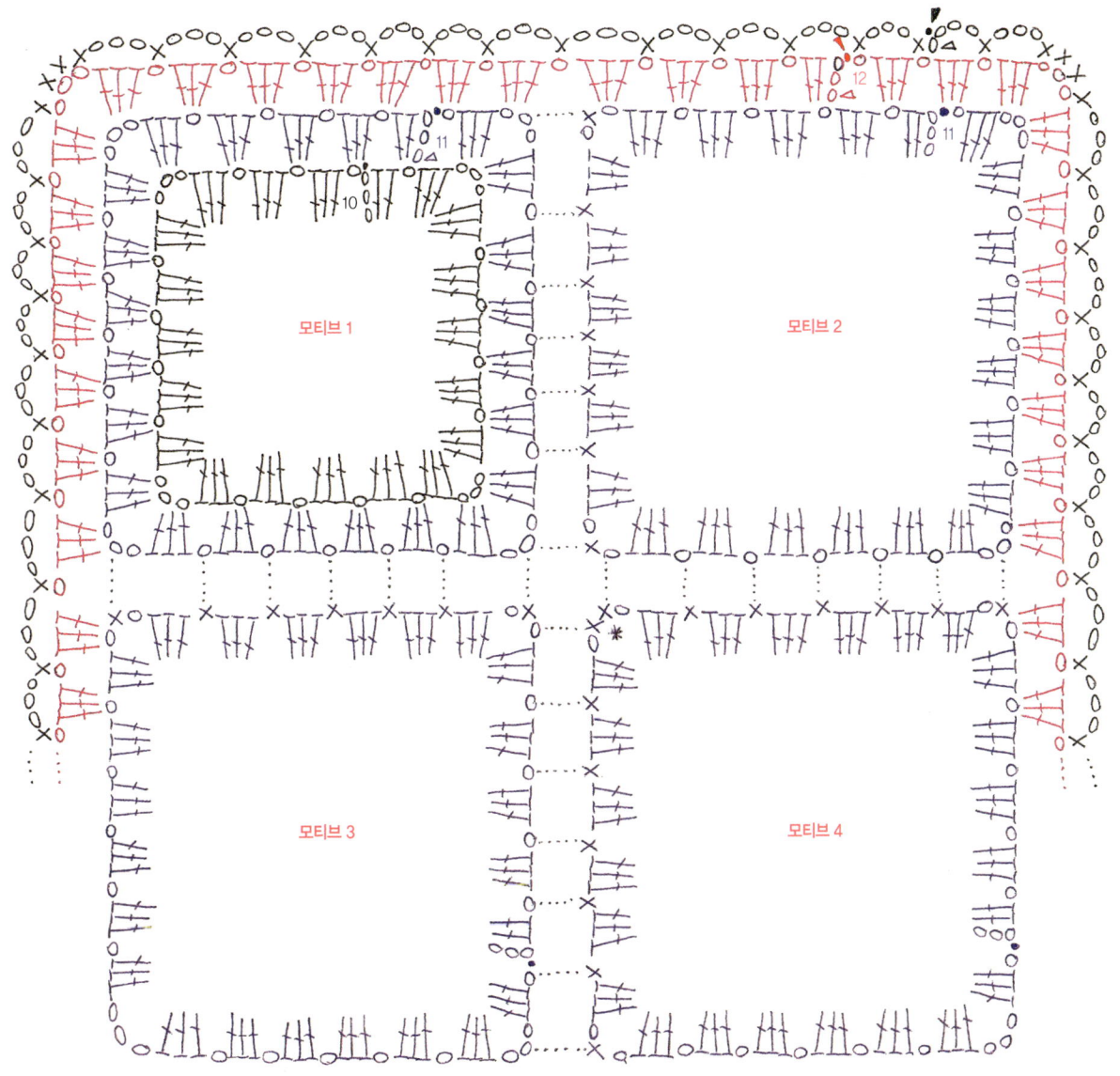

4개의 모티브를 1-2-3-4로 연결하는 경우

§ 색상표 §

파트		단수	실 색상
모티브	장미	1~7단	살구색
	잎새	8단	올리브색
	그라니	9~10단	아이보라색
그라니		11~12단	보라색
가장자리		13단	아이보리색

Rachel's Crochet

시나몬 허니로즈
블랭킷

난이도 ☆☆☆
완성 크기 150×78cm(모티브 12×6개=총 72개)
　　　　　　모티브 1개=12cm

How to Make

사용된 기호 및 기법

장미 모티브 만들기, 그라니 모티브 연결하기

사용한 실의 성분과 중량

램스울(아이보리색, 연핑크색, 산호색, 올리브색,
베이지색, 진베이지색, 갈색, 회갈색) 총 1,500g

사용한 바늘 및 도구

모사용 5/0호 코바늘

만드는 순서

1　색상표를 찬찬히 보면서 색상, 종류, 갯수에 유의하며 장미 모티브를 만듭니다. 두 겹 장미는 그라니 1까지, 세 겹 장미와 네 겹 장미는 잎새까지 만들어 놓습니다(색상표와 배열표 참고).

2　배열표에 따라 각 모티브의 위치를 확인해가며 72개를 모두 연결합니다.

3　모티브 72개를 다 연결한 후 블랭킷 전체를 산호색 실로 한 번 더 둘러주어 완성합니다.

Rachel's Memo

레이첼의 장미 모티브에 사용되는 빼뜨기 뒤걸어뜨기는
'p.23 장미 모티브 만들기'를 참고하세요.

시나몬 허니 로즈 블랭킷

§ 두겹 장미 모티브 도안 §

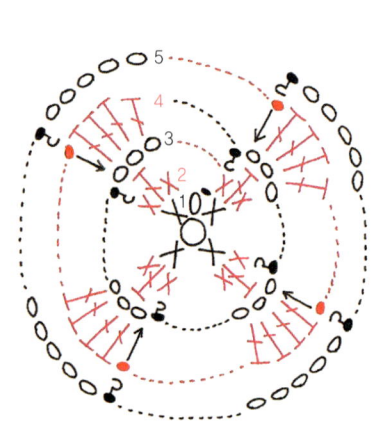

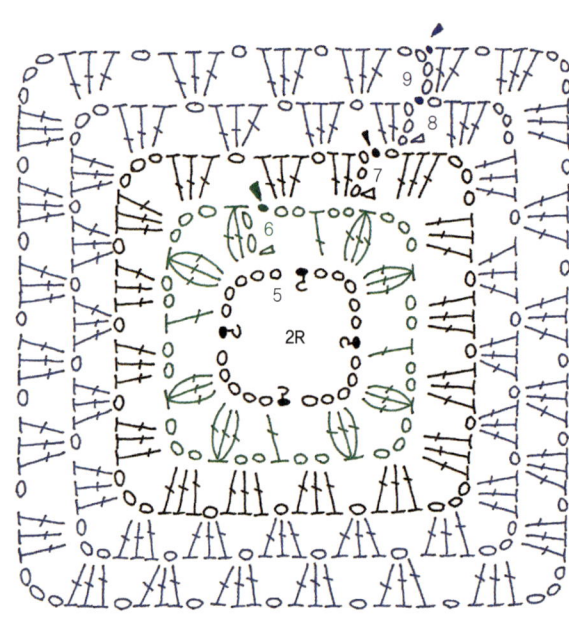

§ 세 겹 장미 모티브 도안 §

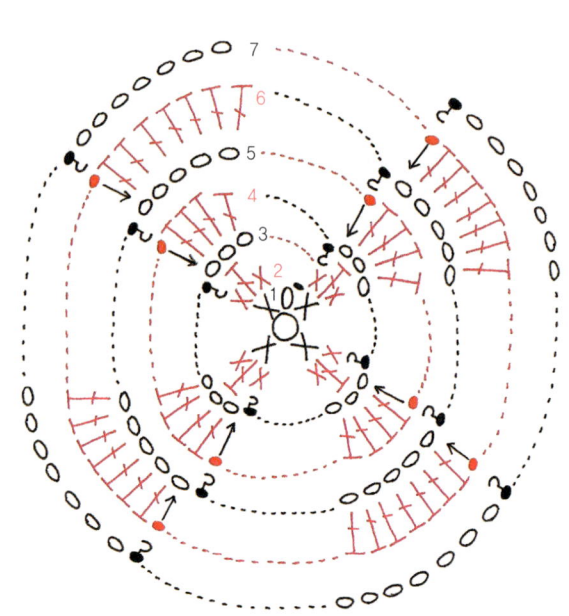

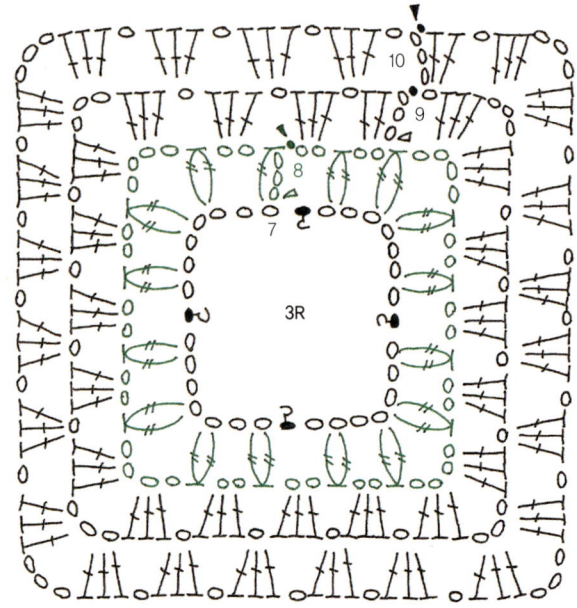

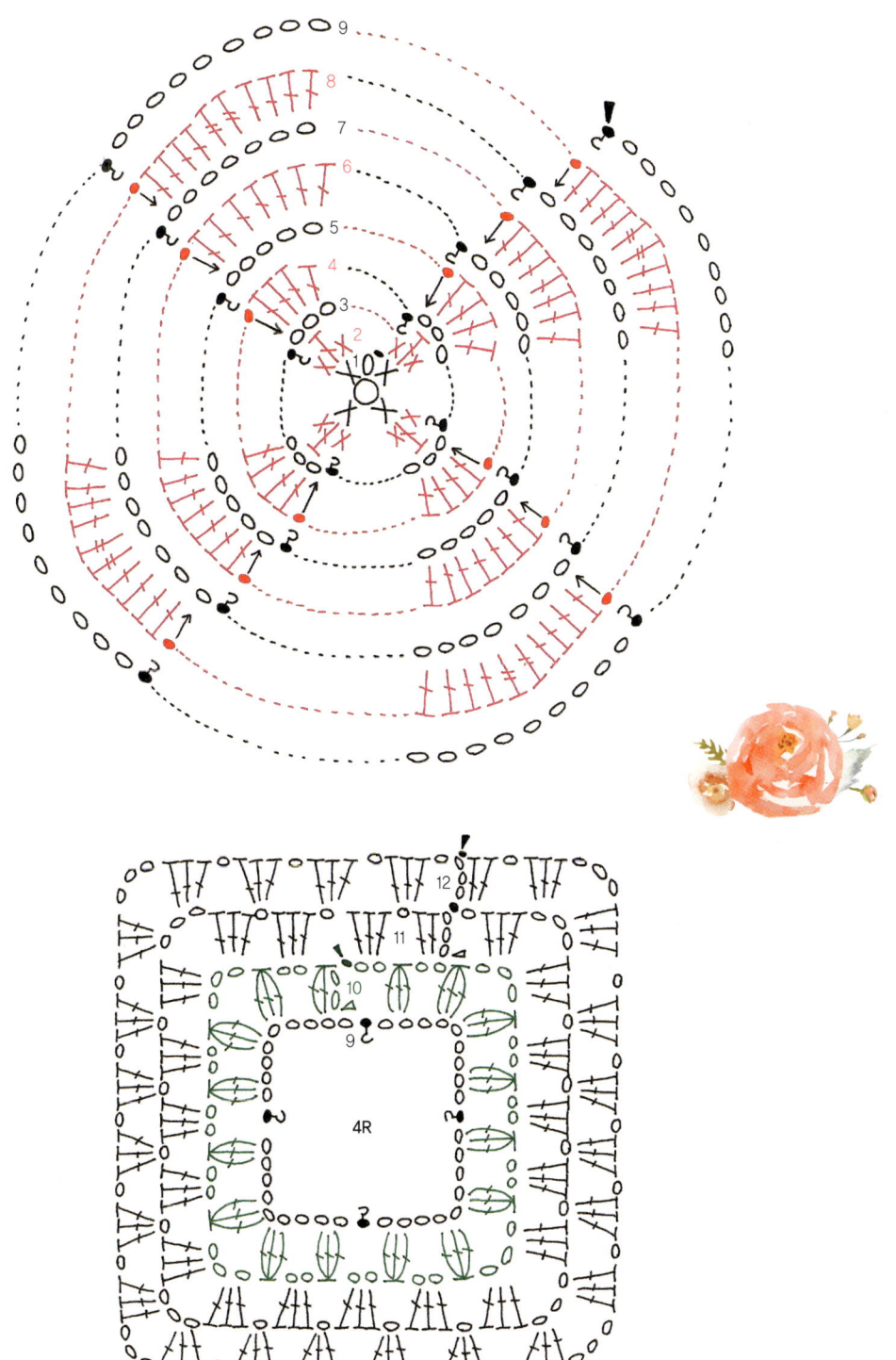

§ 모티브 연결 및 가장자리 도안 §

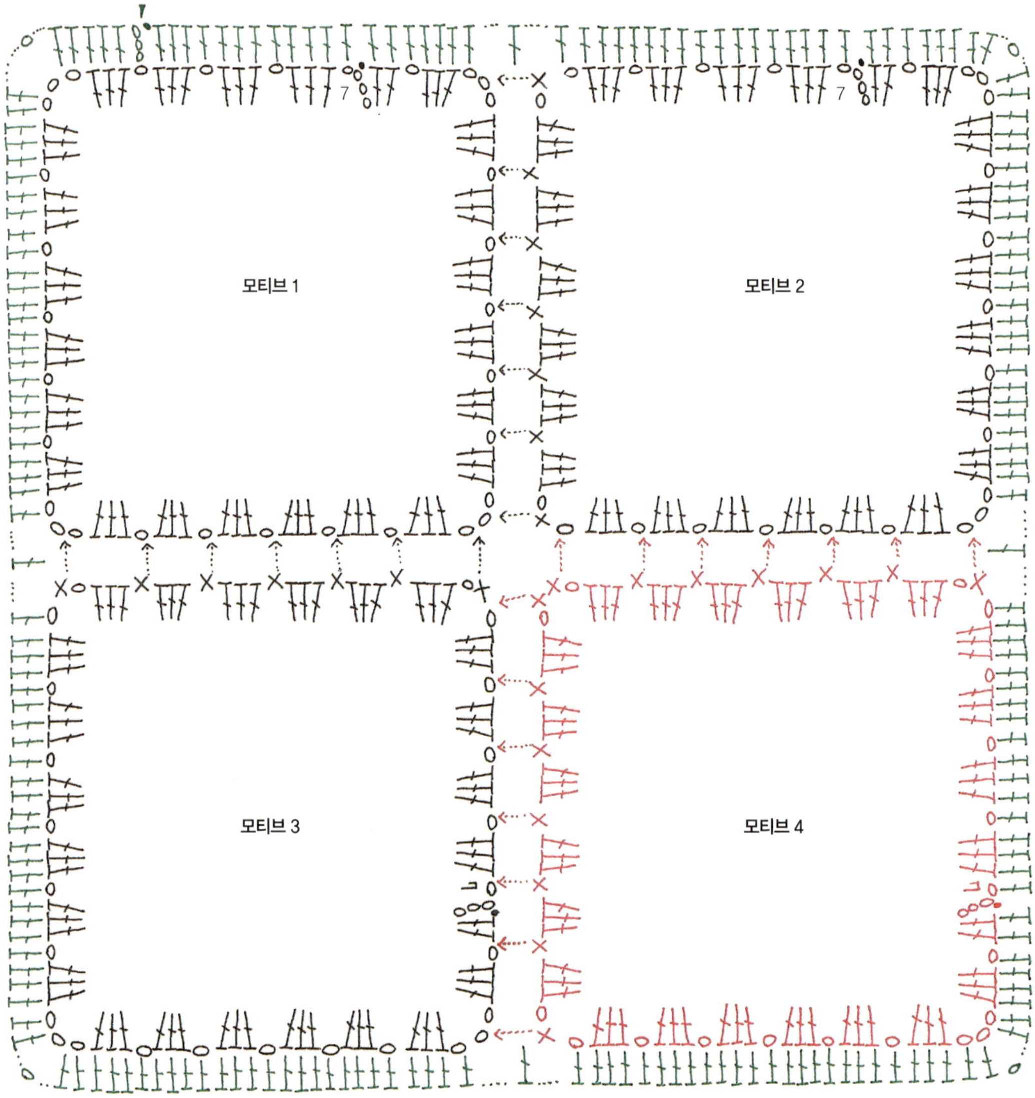

모티브 1

모티브 2

모티브 3

모티브 4

4개의 모티브를 1–2–3–4로 연결하는 경우

§ 색상표 §

모티브 번호	장미(1~5단)	잎(6단)	그라니 1(7단)	그라니 2(8단)	그라니 3(9단)	2R 총 36개
2R1	베이지색	올리브색	베이지	회갈색		4
2R2	베이지색	올리브색		갈색		3
2R3	산호색	올리브색		진베이지색	갈색	4
2R4	베이지색	브라운색		연핑크색		3
2R5	갈색	올리브색		회갈색		3
2R6		올리브색		진베이지색		4
2R7		올리브색		진베이지색	갈색	3
2R8	회갈색	올리브색		진베이지색		4
2R9	진베이지색	올리브색		갈색		4
2R10		브라운색		연핑크색		4
	장미	잎	그라니 1, 2			3R+4R 총 36개
3R	연핑크색(1~7단)	올리브색(8단)	베이지색(9~10단)			18
4R	연핑크색(1~9단)	올리브색(10단)	아이보리색(11~12단)			18

§ 배열표 §

	1	2	3	4	5	6	7	8	9	10	11	12
1	2R9	3R	2R3	4R	2R1	3R	2R7	4R	2R1	3R	2R8	2R4
2	3R	2R8	4R	2R3	2R6	4R	3R	2R4	4R	2R2	4R	2R5
3	4R	3R	2R2	3R	4R	2R7	2R10	2R3	3R	4R	2R6	4R
4	2R1	4R	2R6	3R	3R	2R8	4R	3R	2R7	2R10	2R5	3R
5	2R10	2R9	3R	2R1	2R10	4R	2R2	4R	3R	4R	3R	2R9
6	4R	2R4	3R	4R	2R8	2R5	3R	2R9	2R6	3R	2R3	4R

※**약어 설명** 2R: 두 겹장미, 3R: 세 겹 장미, 4R: 네 겹 장미

Rachel's Crochet

Part 04

레이첼의 리빙 소품

Rachel's Crochet

모헤어 커튼

난이도 ☆
완성 크기 85×150cm

사용된 기호 및 기법

사슬코로 시작하기, 한길긴뜨기

사용한 실의 성분과 중량

울—아크릴 모헤어 1합(아이보리색, 베이지색,
인디언핑크색, 산호색, 겨자색, 녹색, 녹색 혼합색,
연갈색, 고동색, 회색 이상 10가지 색상) 총 500g,
면사 20수 40g(시작코와 가장자리에 사용)

사용한 바늘 및 도구

모사용 5/0호 코바늘

만드는 순서

1 면사로 5호 바늘을 사용하여 시작코 359코(7의 배수+2코)를 만들
   고 한길긴뜨기로 1단을 뜹니다(도안 A1 부분).
   이때 시작코의 길이는 블랭킷의 세로 길이에 해당합니다.
   시작코보다 20코 정도 더 만든 후 한길긴뜨기를 뜬 후 남는 코는 풀
   어주면 실수 없이 할 수 있어요!

2 색상표대로 실을 바꾸어가며 뜹니다.

3 편물을 뒤집어 도안의 A2 위치에 면사를 달고 도안 A2 → A3 →
   A4 순서대로 가장자리를 뜹니다(커튼 오른쪽과 위쪽 단).

4 마지막으로 A5 부분에 면사를 달고 한길긴뜨기로 1단을 떠줍니
   다(커튼 아랫단).

Rachel's Memo

가로 40cm 정도로 완성하여 숄이나 머플러도 사용하셔도 좋습니다.
모헤어 1합으로 만들어서 커튼이 무겁지 않아요.

모헤어 커튼

§ 도안 §

↓ A4

← A3

A2

←3

→2

←1

3단 연속 진행

→2

←1

2단 연속 진행

←1

1단만 진행

← A1

A5

§ 색상표 §

패턴 1		패턴 2		패턴 3	
				63단	회색
		41단		62	베이지색
20단	회색	40	그린혼합색	61	
19	아이보리색	39		60	고동색
18		38	베이지색	59	녹색혼합색
17	녹색혼합색	37		58	
16	연갈색	36	겨자색	57	연갈색
15		35	산호색	56	아이보리색
14	산호색	34		55	연두색
13		33	회색	54	
12	베이지색	32		53	산호색
11		31	아이보리색	52	
10	회색	30		51	회색
9	겨자색	29	겨자색	50	겨자색
8		28	연두색	49	
7	아이보리색	27		48	고동색
6	연두색	26	연갈색	47	베이지색
5		25	연갈색	46	연갈색
4	인디언핑크색	24	베이지색	45	
3		23	인디언핑크색	44	아이보리색
2	고동색	22		43	
1		21	고동색	42	인디언핑크색

Rachel's Crochet

모헤어 원형방석

난이도 ☆
완성 크기 지름 40cm, 두께 1.5cm

사용된 기호 및 기법

원형코로 시작하기, 한길긴뜨기,
한길긴뜨기-이랑뜨기, 빼뜨기-이랑뜨기

사용한 실의 성분과 중량

아크릴모헤어 겨자색 80g, 진밤색 80g

사용한 바늘 및 도구

10mm 코바늘

만드는 순서

1 겨자색 실로 원형코를 만든 후 사슬코 3개의 기둥코를 만들고 한길긴뜨기 13개를 떠서 총 14개의 기둥이 만들어졌는지 확인합니다.

2 색상표와 도안을 참고하여 2~6단까지 한길긴뜨기-이랑뜨기로 뜹니다.

3 마지막 단은 다시 첫 번째 코에 겨자색 실을 달고 그 다음 코부터 빼뜨기-이랑뜨기로 뜨다가 실을 달았던 코에 빼뜨기를 하여 완성합니다.

Rachel's Memo

일반 가정에서 주로 사용하는 식탁의자 크기에 맞춘 방석입니다.
원형 모티브를 뜰 때는 해당 단의 완성된 콧수가 정확한지
반드시 확인한 후 다음 단으로 진행하세요(최소 2~3번은 확인하세요)!

모헤어 원형방석

§ 빼뜨기 이랑뜨기 과정 §

1

2

3

한길긴뜨기 이랑뜨기와 마찬가지로 사슬코의 바깥쪽 머리코 반 코에 바늘을 넣고 실을 겁니다.

그대로 빼뜨기를 합니다.

빼뜨기−이랑뜨기 2코가 완성된 모습입니다.

§ 도안 §

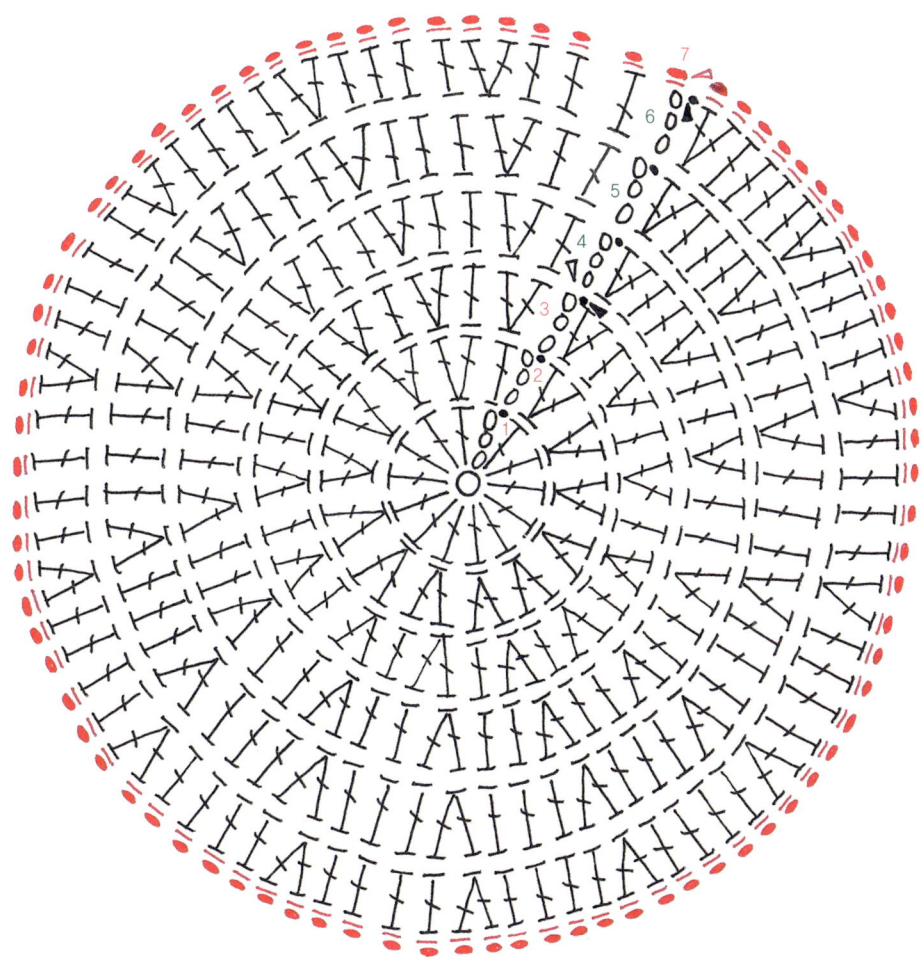

§ 색상표 §

단수	실 색상	코바늘 홋수
1~3단	겨자색	
4~6단	진밤색	10mm 코바늘
7단	겨자색	

Rachel's Crochet

모티브 쿠션탑

난이도 ☆☆
완성 크기 40×40cm

사용된 기호 및 기법

원형코로 시작하기, 한길긴뜨기,
그라니 모티브 연결하기

사용한 실의 성분과 중량

램스울(자주색, 연카키색, 아이보리색, 연갈색,
진갈색) 총 120g

사용한 바늘 및 도구

모사용 7/0호 코바늘

만드는 순서

1 1~3단 색상표에 따라 모티브 4장을 만들고

2 4단 연갈색 실을 달고 4단을 뜨면서 모티브 4장을 1→2→3→
4의 순서대로 연결합니다(p.17 그라니 스퀘어 모티브 연결하기 참고).

3 5~9단 색상표에 따라 완성합니다.

Rachel's Memo

사용하던 낡은 천쿠션 커버에 꿰매어 리폼할 수 있는 쿠션탑입니다.
쿠션탑을 2장 이어서 쿠션커버를 만들거나 다용도 매트 및
덮개로 사용해도 좋습니다.

모티브 쿠션탑

§ 도안 §

7~9단까지 반복

모티브 2

모티브 3

모티브 4

§ 색상표 §

단수	모티브 1, 4	모티브 2, 3
1단	연카키색	와인색
2단	와인색	연카키색
3단	아이보리색	아이보리색
4단	연갈색	
5단	와인색	
6~9단	진갈색	

장미 미니쿠션

How To Make

사용된 기호 및 기법

장미 모티브 만들기, 모티브 2장 잇기

사용한 실의 성분과 중량

램스울(살구색, 올리브색, 보라색, 아이보리색) 총 80g

사용한 바늘 및 도구

모사용 5/0호 코바늘

만드는 순서

1 1~16단 색상표에 따라 쿠션탑 A, B를 완성합니다.

2 17단 A와 B의 안쪽이 맞닿게 포개어 잡은 후 사슬코 3개와 짧은뜨기 1개를 반복하며 가장자리를 뜨면서 연결합니다.

3 쿠션의 3면이 연결되면 솜을 넣은 후 마지막 1면을 뜨고 완성합니다.

Rachel's Memo

미니쿠션처럼 네 면을 모두 연결하여 마무리한 경우는
마지막 빼뜨기 후 실을 30cm 정도 남긴 후 쿠션 안쪽으로
넣어두었다가 세탁이 필요할 때 실을 풀어 솜을 꺼내면 됩니다.

장미 미니쿠션

§ 장미 도안 §

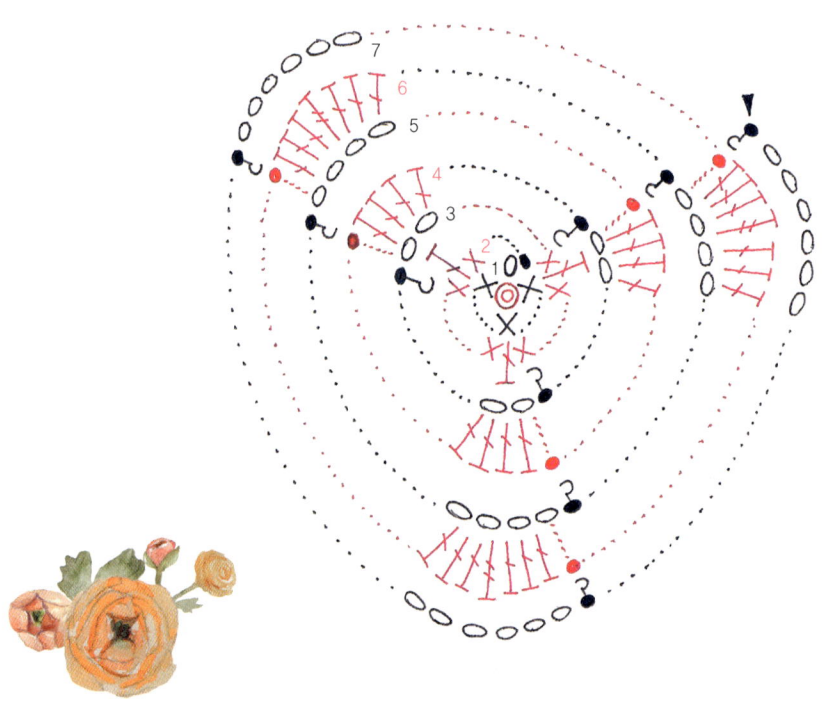

§ 색상표 §

	단수	A−실 색상	B−실 색상
장미	1~7단	살구색	보라색
잎새	8단	올리브색	올리브색
그라니	9~10단	아이보리색	아이보리색
	11단	살구색	올리브색
	12~16단	보라색	살구색
가장자리(앞면과 뒷면)	17단	아이보리색	

§ 잎새와 그라니 모티브 도안 §

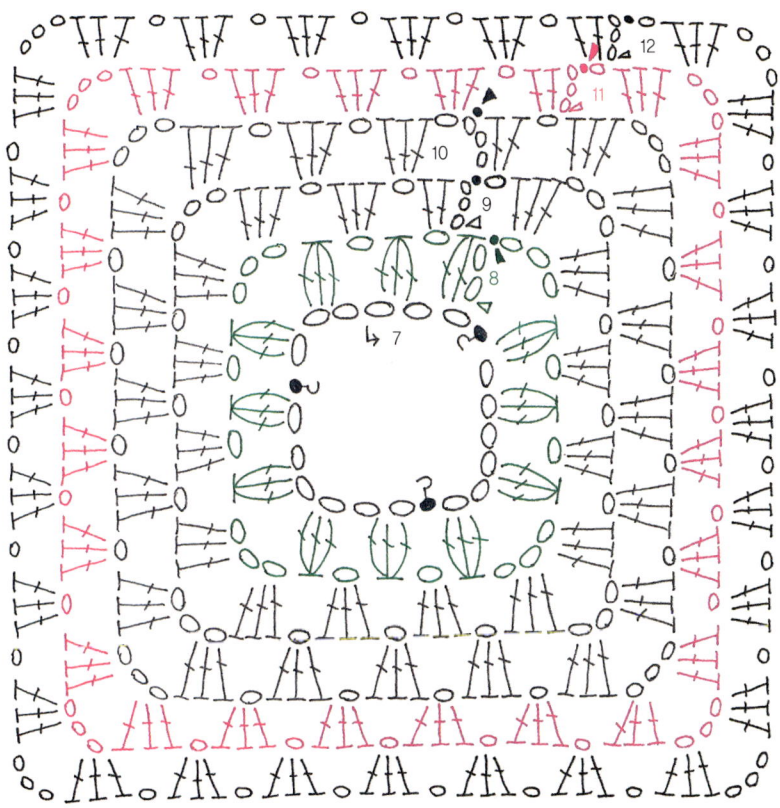

§ 쿠션탑 2장 연결 도안 §

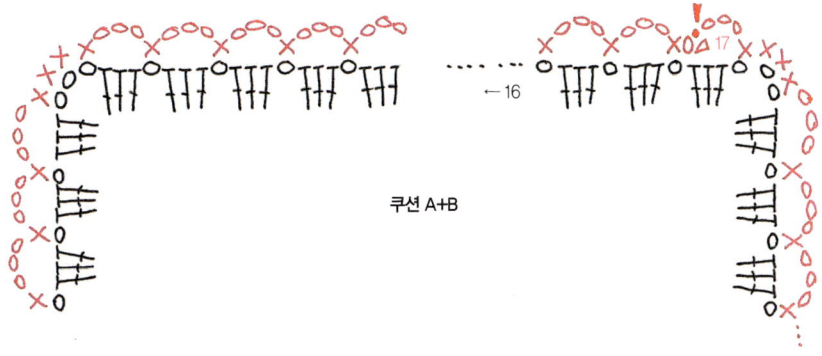

쿠션 A+B

Rachel's Crochet

장미 사각쿠션

난이도 ☆☆☆
완성 크기 38×38cm, 태슬 길이 10cm

How to Make

사용된 기호 및 기법

장미 모티브 만들기, 모티브 2장 잇기, 태슬 만들기

사용한 실의 성분과 중량

램스울(와인색, 연갈색, 주황색, 연카키색,
아이보리색) 240g (120g×2장)

사용한 바늘 및 도구

모사용 7/0호 코바늘, 나무단추 4개(지름 2.5cm),
쿠션솜(40cm×40cm), 롤휴지 심지(11cm)

만드는 순서

1 색상표에 따라 쿠션탑 A, B를 완성합니다.

2 A와 B의 안쪽이 맞닿게 포개어 잡은 후 쿠션 연결 도안을 참고
하여 ①→②→③의 순서로 사슬코 3개와 짧은뜨기 1개를 반복
하며 가장자리를 뜨면서 연결합니다.

3 이때 ①은 A, B 2장을 같이 잡고 뜨고, ②은 A 1장만 잡고 뜬 후,
③은 편물을 뒤집어 B 1장만 잡고 뜨고 ②의 시작 부분에 빼뜨
기를 합니다.

4 *표시된 곳에 단추를 달고

5 모서리마다 태슬을 만들어 달아 완성합니다(p.27 태슬 만들기 참고).

Rachel's Memo

쿠션탑의 완성 크기가 쿠션솜보다 1~2cm 작은 것이

솜을 넣었을 때 더 예뻐요.

장미 사각쿠션

§ 장미 모티브 도안 §

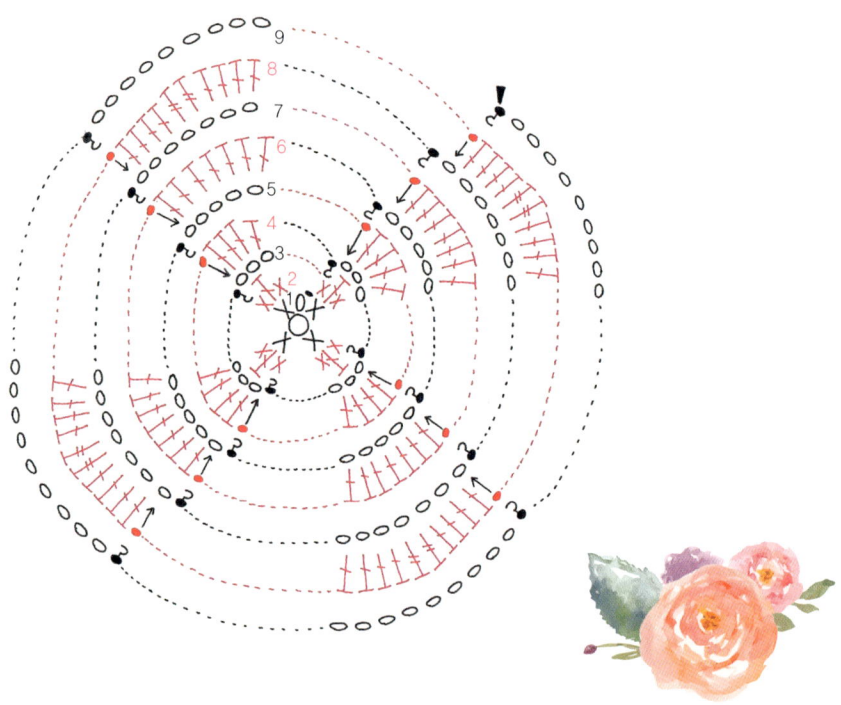

14~20단까지 그라니 모티브로 반복하세요.

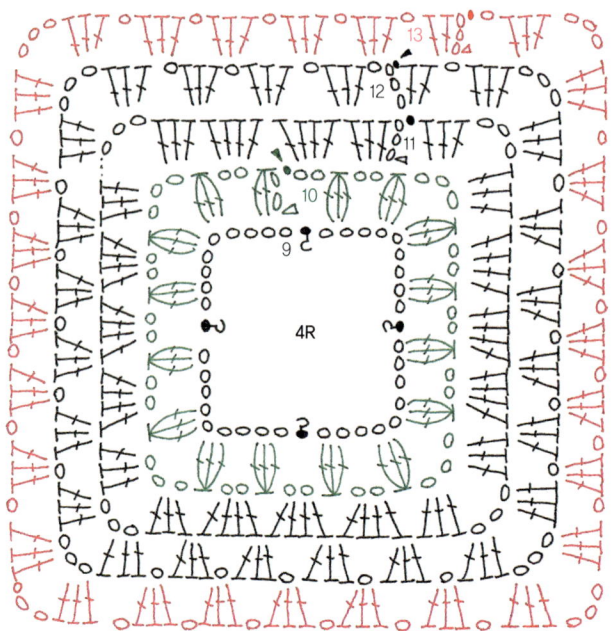

§ 쿠션 연결 도안 §

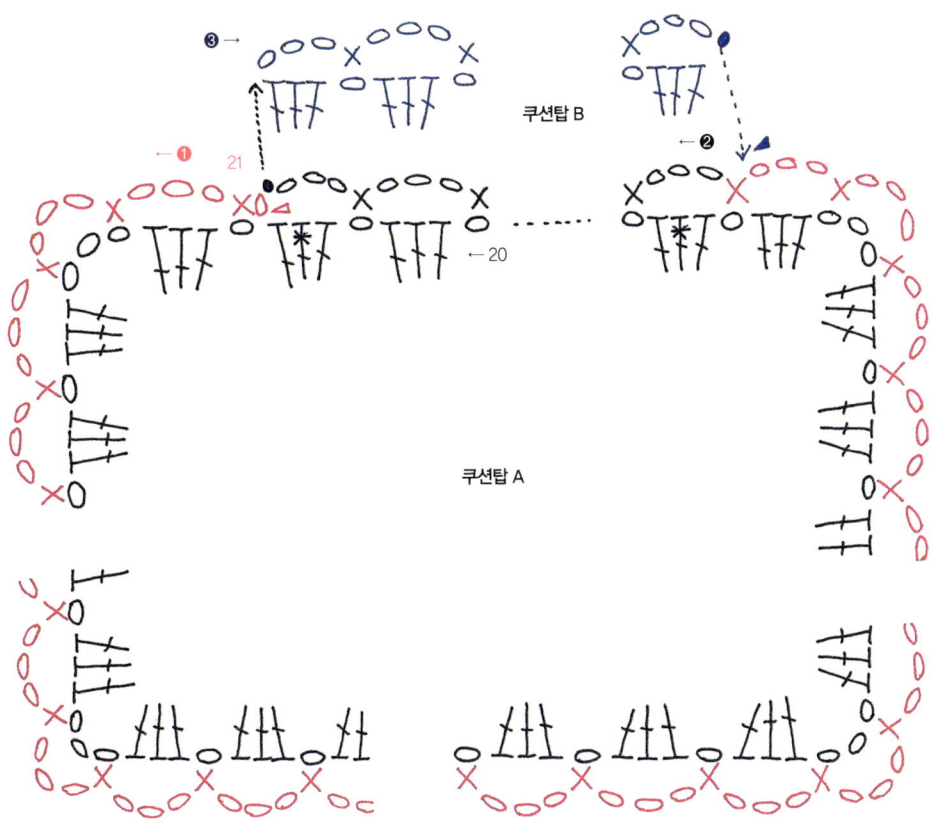

쿠션탑 B

쿠션탑 A

§ 색상표 §

	단수	A–실 색상	B–실 색상
장미	1~9단	와인색	주황색
잎새	10단	연카키색	연카키색
그라니	11~12단	아이보리색	아이보리색
	13단	주황색	주황색
	14단	와인색	연카키색
	15~20단	연갈색	와인색
가장자리(앞면과 뒷면)	21단	연카키색	

Rachel's Crochet

장미 사각스툴 커버

난이도 ☆☆☆
완성 크기 30×30cm | 술(프린지) 길이 10cm

사용된 기호 및 기법

장미 모티브 만들기, 술(프린지) 만들기

사용한 실의 성분과 중량

램스울(아이보리색, 연핑크색, 진핑크색, 진베이지색, 연갈색, 민트색) 140g

사용한 바늘 및 도구

모사용 7/0호 코바늘

만드는 순서

1 1~16단 색상표에 따라 스툴 커버탑을 완성합니다.

2 17단부터는 모티브 모서리마다 한길긴뜨기 3개만 떠서 콧수를 늘리지 않고 뜹니다.

3 가장자리에 술을 달아 완성합니다(p.28 술 만들기 참고).

Rachel's Memo

완성된 스툴 커버탑의 크기가 스툴의 크기보다
1~2cm 작은 것이 좋습니다.

장미 사각스툴 커버

§ 도안 §

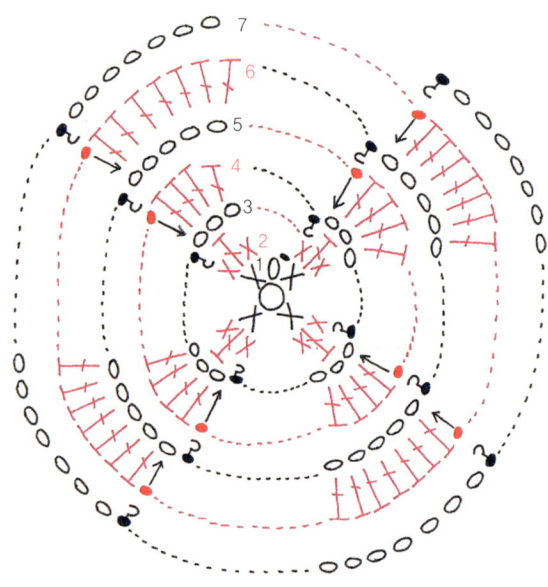

11～16단까지 그라니 모티브로 반복하세요.

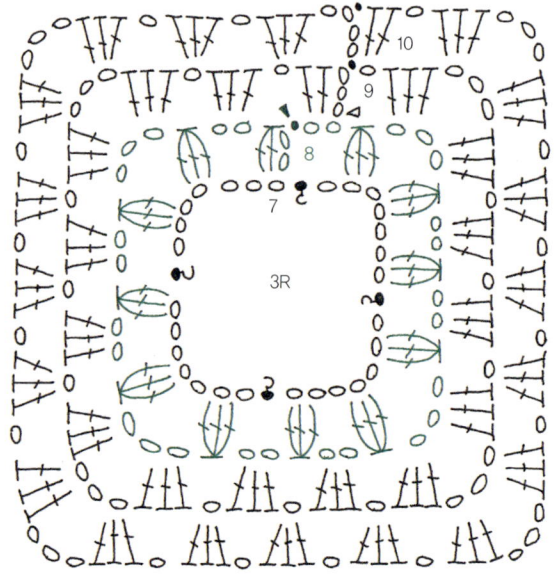

§ 색상표 §

	단수	실 색상
장미	1~7단	연핑크색
잎새	8단	민트색
그라니	9~10단	아이보리색
	11단	진베이지색
	12단	연갈색
	13단	연핑크색
	14단	진베이지색
	15단	연갈색
	16~19단	진핑크색
술(프린지)	마지막	연핑크색

Rachel's Crochet

장미 원형쿠션

난이도　　☆☆☆
완성 크기　지름 38cm

사용된 기호 및 기법

장미 모티브 만들기, 긴뜨기 3코 변형 구슬뜨기,
빼뜨기 연속 3코 뜨기, 모티브 2장 잇기

사용한 실의 성분과 중량

램스울(아이보리색, 겨자색, 연보라색, 연갈색 등)
180g(90g×2장)

사용한 바늘 및 도구

모사용 7/0호 코바늘, 쿠션솜(지름 30cm)

만드는 순서

1　1단~18단　색상표와 도안에 따라 쿠션탑 A, B를 완성합니다.

2　19단　A와 B의 안쪽이 맞닿게 포개어 잡은 후 가장자리를 뜨면서 연결합니다.

3　쿠션의 3분의 2가 연결되면 솜을 넣은 후 남은 3분의 1을 뜨고 빼뜨기하여 완성합니다.

Rachel's Memo

원형쿠션은 사용할 솜의 지름보다 5~8cm 정도 크게 만드는 것이
솜을 넣었을 때 보기 좋습니다.

장미 원형쿠션

§ 장미 모티브 도안 §

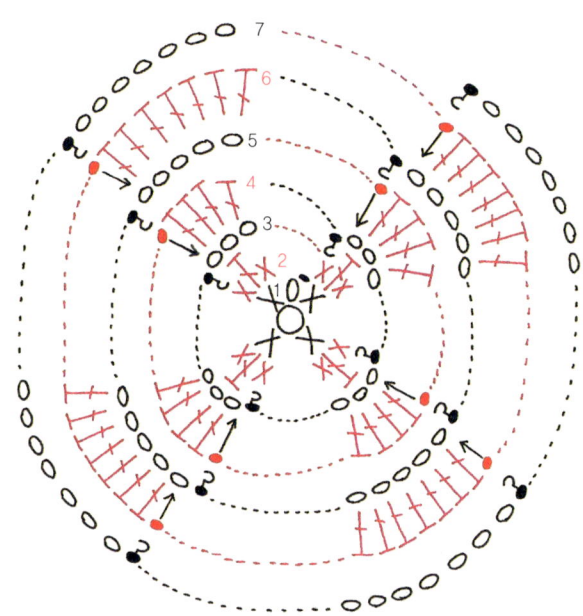

§ 원형 모티브 도안 §

§ 색상표 §

	단수	쿠션탑 A	쿠션탑 B
장미	1~7단	겨자색	연보라색
잎새	8단	연갈색	연갈색
원형모티브	9~12단	아이보리색	겨자색
	13~18단	겨자색	연보라색
가장자리	19단	아이보리색	

Rachel's Crochet

장미 원형스툴 커버

난이도 ☆☆☆
완성 크기 지름 27cm, 옆면 5cm, 레이스 스커트 길이 15cm

How To Make

사용된 기호 및 기법

장미 모티브 만들기

사용한 실의 성분과 중량

A 램스울(아이보리색, 노랑 혼합, 카키색) 85g
B 램스울(연보라색, 연고동색, 겨자색) 85g,
   면사 40수 베이지색, 갈색 총 30g

사용한 바늘 및 도구

모사용 7/0호, 3/0호 코바늘

만드는 순서

1　A와 B 모두 1~19단까지 색상표에 따라 원형스툴 커버탑을 완성합니다.

2　A는 짧은뜨기(20단)로 가장자리를 뜨고 완성합니다.

3　B는 면사를 달고 도안 3대로 레이스 스커트를 완성합니다.

Rachel's Memo

지름 30cm, 옆면 3cm 크기의 스툴을 위한 커버입니다.
스툴의 크기보다 2~3cm 작게 원형 모티브를 만든 후
콧수를 늘이지 않고 옆면을 떠줘야 들뜨지 않고 맞습니다.

장미 원형스툴 커버

§ 장미 모티브 도안 §

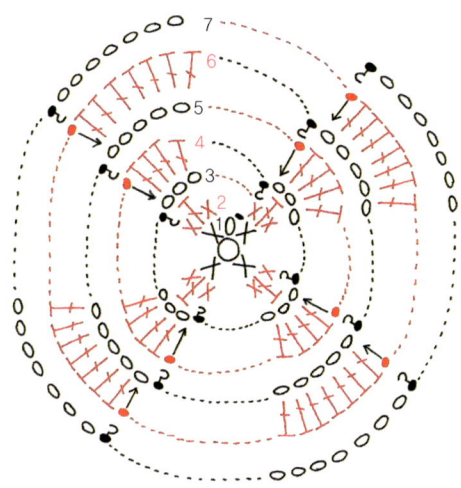

§ 레이스 스커트 도안 §

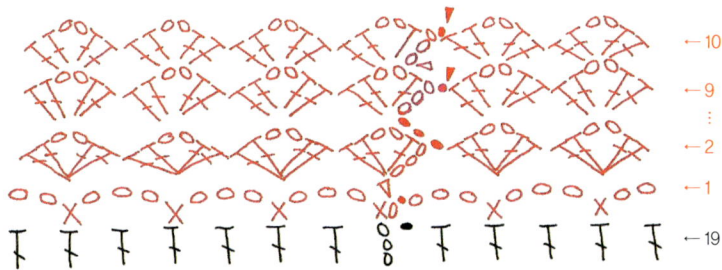

§ 색상표 _장미 원형스툴 커버 A §		
	단수	A-실 색상
장미	1~7단	노란색
잎새	8단	카키브라운색
몸판	9~19단	아이보리색
가장자리	20단	이이보리색

§ 색상표 _장미 원형스툴 커버 B §		
	단수	B-실 색상
장미	1~7단	연보라색
잎새	8단	연고동색
몸판	9~19단	겨자색
스커트	1~9단	면사-베이지색
	10단	면사-연갈색

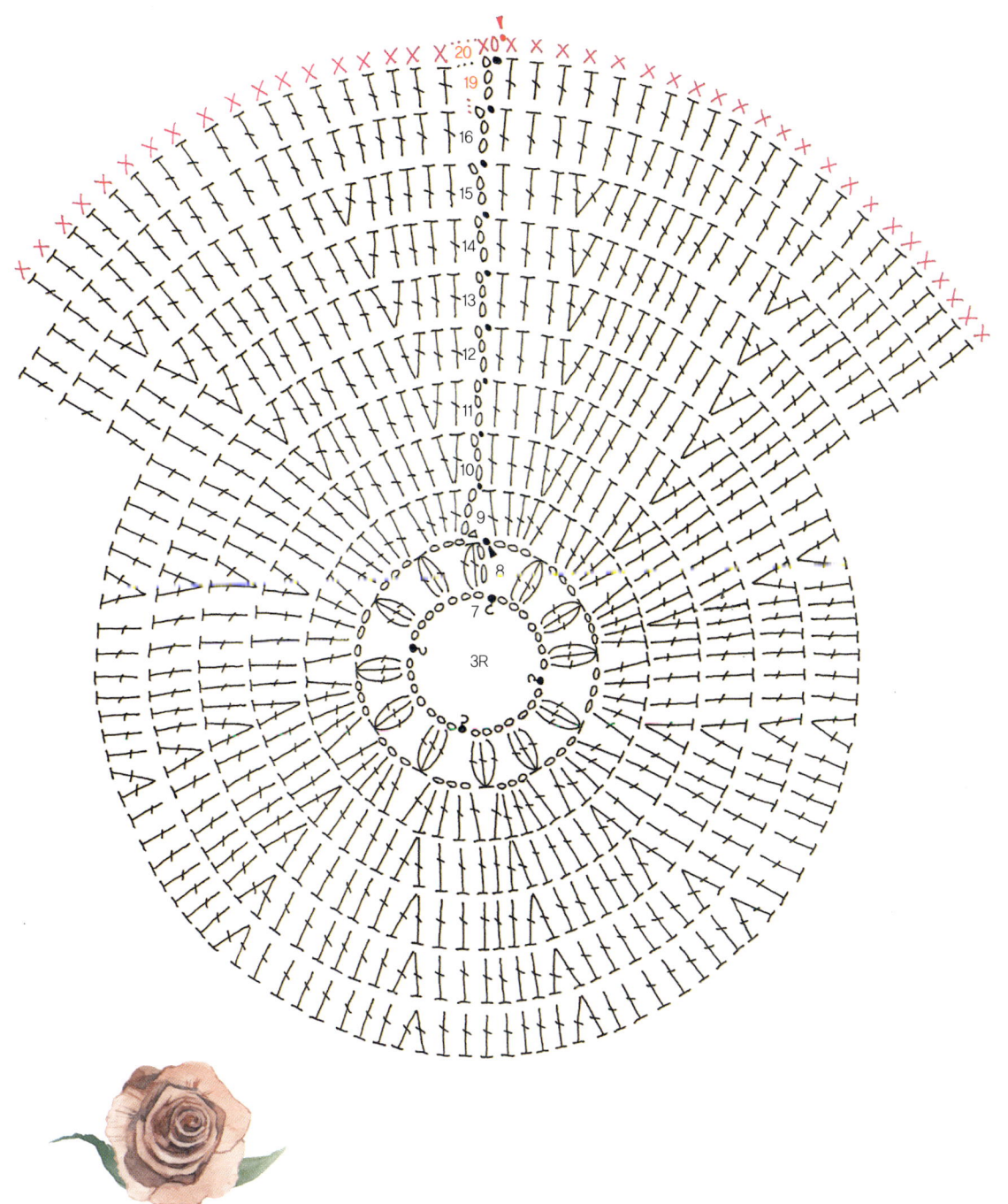

난이도　☆☆☆

완성 크기　장미 A 3cm | 장미 B 4.5cm | 장미 C 4cm

How to Make

사용된 기호 및 기법

장미 모티브 만들기

사용한 실의 성분과 중량

램스울(아이보리색, 연핑크색, 연보라색, 살구색, 올리브색)
약간씩

사용한 바늘 및 도구

모사용 5/0호 코바늘, 액자(32X22cm),
천(40X30cm), 마스킹테이프

만드는 순서

1　색상표에 따라 색상, 종류, 갯수에 유의하며 장미 모티브와 잎새
　를 만듭니다.

2　배열표를 보고 원단에 한 송이씩 바느질하여 붙입니다.

3　액자의 뒤판에 딱풀을 칠하고 원단을 붙입니다.

4　남은 원단도 딱풀로 뒤판에 고정시킨 후 마스킹테이프로 마무
　리하여 완성합니다.

1	2

3	4

Rachel's Memo

자투리실로 틈틈이 만들어둔 장미 모티브로

장미액사를 만들어보세요.

장미 액자

§ 도안 §

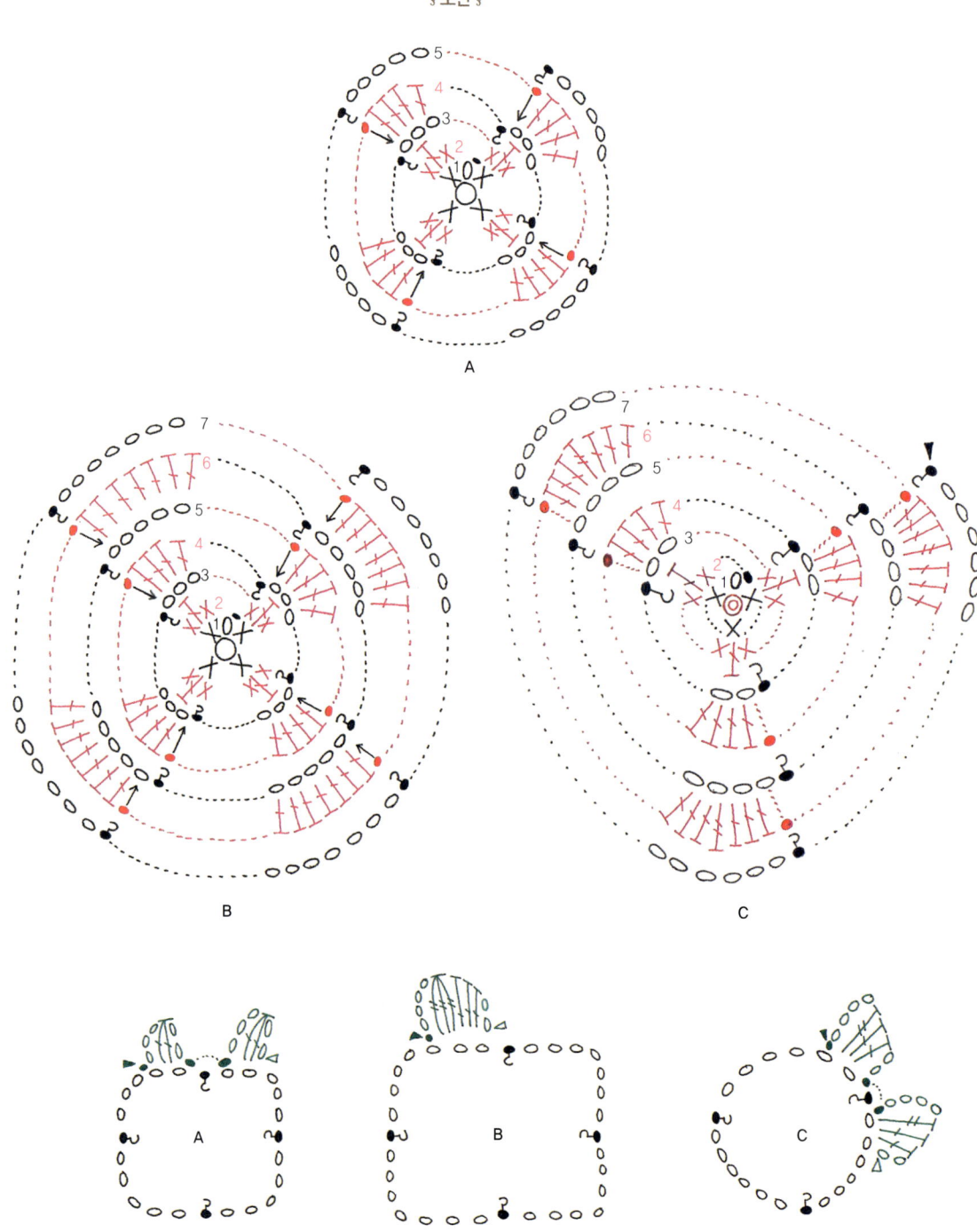

A

B

C

A

B

C

§ 배열표 §

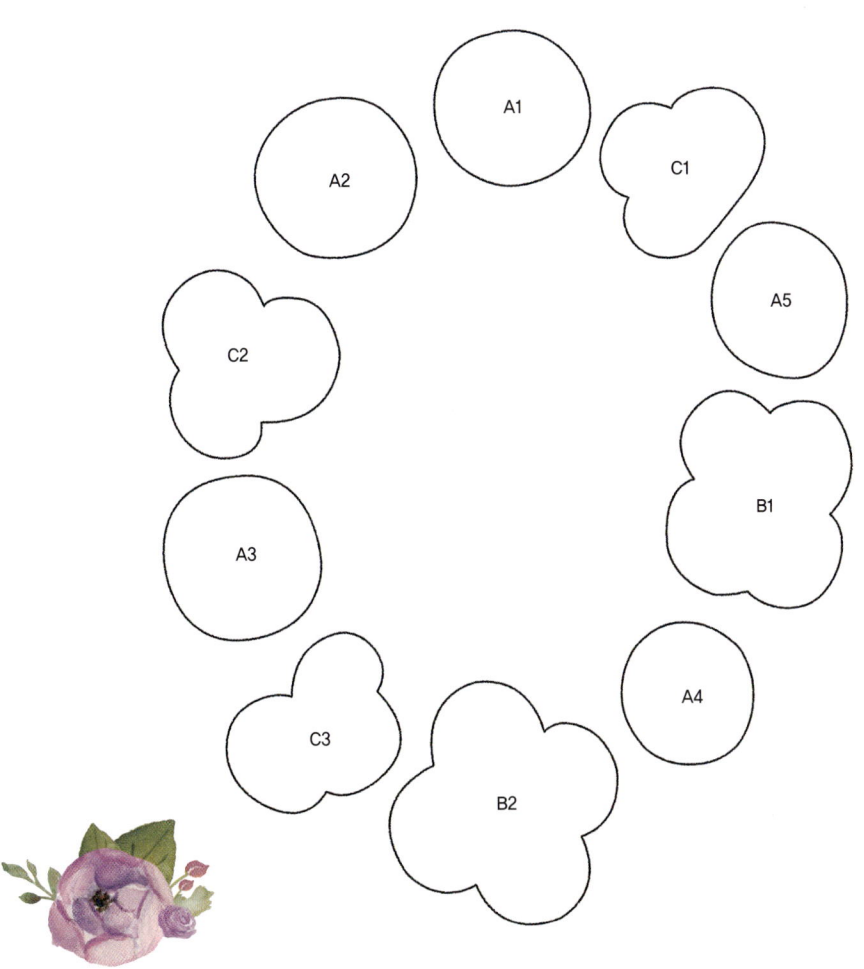

§ 색상표 §

	1	2	3	4	5
장미 A 색상	연핑크색	아이보리색	연보라색	아이보리색	아이보리색
장미 B 색상	연핑크	살구색			
장미 C 색상	연보라색	살구색	연핑크색		
잎새 색상	올리브색				

따뜻한 일상,
레이첼의 손뜨개 수업

초판 1쇄 발행 2015년 12월 26일
초판 4쇄 발행 2021년 10월 25일

지은이 양선영
펴낸이 이지은 **펴낸곳** 팜파스
기획·진행 이진아 **편집** 정은아
디자인 조성미 **마케팅** 김민경, 김서희
인쇄 케이피알커뮤니케이션

출판등록 2002년 12월 30일 제 10-2536호
주소 서울특별시 마포구 어울마당로5길 18 팜파스빌딩 2층
대표전화 02-335-3681 **팩스** 02-335-3743
홈페이지 www.pampasbook.com | blog.naver.com/pampasbook
이메일 pampas@pampasbook.com

값 15,800원
ISBN 979-11-7026-060-8 (13590)

이 도서의 국립중앙도서관 출판시도서목록(CIP)은 서지정보유통지원시스템 홈페이지
(http://seoji.nl.go.kr)와 국가자료공동목록시스템(http://www.nl.go.kr/kolisnet)에서
이용하실 수 있습니다.(CIP제어번호: CIP2015033520)